Cet ouvrage a été publié pour la première fois en 2001
dans la collection *Textes de la Renaissance* dirigée par Claude Blum.

Madeleine de L'Aubespine

Cabinet des saines affections

Édition critique par Colette H. Winn

PARIS
CLASSIQUES GARNIER

Colette H. Winn est professeure émérite de langue et de littérature françaises à la Washington University de Saint Louis. Ses travaux et éditions scientifiques sont dédiés à la littérature féminine des XVIe et XVIIe siècles. Elle a notamment dirigé les volumes collectifs *L'Éducation des filles sous l'Ancien Régime* (Seattle, 1997) et *Veufs, veuves et veuvage dans la France d'Ancien Régime* (Paris, 2003).

Réimpression de l'édition de Paris, 2001.

ISBN 978-2-406-13164-9 (livre broché)
ISBN 978-2-8124-5676-3 (livre relié)
ISSN 1262-2842

À *Jim*

Je remercie tous ceux qui ont permis à ce travail de voir le jour, et en particulier, Jean Balsamo et Michel Simonin, qui m'ont fait part de l'état de leurs travaux ; Elyane Dezon-Jones, Anne R. Larsen, et Lyndan Warner, qui m'ont fait l'amitié de relire l'introduction ; François Rouget et Cynthia SKenazi pour leurs suggestions et leurs encouragements. Que soit aussi remercié l'aimable personnel de la Bibliothèque Mazarine, et en particulier, son conservateur en chef, Madame Gantier.

Enfin, je voudrais dire toute ma gratitude à mon mari Jim.

INTRODUCTION

Le *Cabinet des saines affections* connut une belle diffusion imprimée au temps des guerres civiles : cinq éditions qui s'échelonnent de 1584 (?) à 1600[1] et deux traductions en italien et en allemand (1623)[2] . C'est Guillaume du Vair qui le premier fait mention de l'ouvrage dans son *Manuel d'Epictète* (Paris, Chez Abel L'Angelier, 1591) :

> J'ay veu un petit livre des Saines affections, qui m'a bien pleu, pour estre plein de belles & graves sentences, pour affermir noz esprits en un tel temps que cestui-cy. Il m'a faict envie de repasser sur les livres des Stoïques, & y cercher quelque consolation.
> (*Au lecteur*, f. 2)

Selon Lyndan Warner, les *Saines affections* serait la source même de *La philosophie morale des Stoïques* de Guillaume du Vair, paru

---

[1] Sur les éditions qui parurent chez Abel L'Angelier (1584 [?], 1593, 1600), voir le catalogue du libraire établi par Jean Balsamo et Michel Simonin, *Abel L'Angelier et Françoise de Louvain, libraires au Palais (1572-1620)*, Chicago, Garamond Press ; Paris, Didier érudition, à paraître prochainement ; Jean Balsamo, "Abel L'Angelier et ses dames : les Dames des Roches, Madeleine de L'Aubespine, Marie Le Gendre, Marie de Gournay", in *Des femmes & des livres,* études réunies par D. de Courcelles et C. Val Julián, Paris, 1999, p. 117-136. Louis Loviot signale une sixième édition non datée, publiée à Lyon, qui figurerait selon lui dans l'inventaire du rémois Nicolas Colin, dressé en 1608. Voir "*Cabinet des saines affections* (1595)", *Revue des Livres Anciens*, t. II, Paris, 1917, p. 275. Cette édition n'a pas été retrouvée.

[2] Nous n'avons pu consulter l'édition de 1600 parue anonymement chez Abel L'Angelier sous le titre *Les parfaites affections*, pas plus que les deux traductions : Lo *studio degli affetti sani : Libretto comp. da Monsur de Riveri in 30 discorsi, e trad. dalla lingua franzese in volgar italiano*, Cotogna, Fürstl. Druckerei, 1623 ; *Schatzkämmerlein Heilsamer Zuneigungen, welches in 30 Betrachtungen begriffen, u mit etlichen hierzu gehörigen Reimen verm. worden. Durch Hernn von Rivery gestellet, u. anjetzo in teutsche Sprach übergesetz*, Köthen, Fürstl. Druckerei, 1623. Ces ouvrages se trouvent à la Herzog August Bibliothek, Wolfenbüttel.

en 1585, l'année qui suivit la première édition[1]. Jean Balsamo, par contre, y voit "comme un écho de *La philosophie morale des Stoïques*, comme une préfiguration de *La constance* de Du Vair que L'Angelier et Patisson publieront en 1594" (p. 128). Il estime en effet que l'édition crue de 1584 vînt en réalité en 1594, après les éditions de 1591 et 1593. Outre le sujet, le format de l'ouvrage (une plaquette in-12) aurait constitué en 1584 une singularité dans le catalogue de L'Angelier. À cette date aussi, il n'est fait aucune mention de l'ouvrage dans la *Bibliothèque* de La Croix du Maine, pourtant soigneusement mise à jour au fur et à mesure de son impression[2]. Selon Balsamo, l'édition crue de 1584 serait en réalité la réimpression ligne pour ligne de l'édition de 1593. Elle présente en effet les mêmes ornements typographiques, vraisemblablement ceux de l'atelier de Pierre Ménier qui travailla pour L'Angelier après 1590 (p. 128) ou peut-être de Denis Binet (J. Balsamo et M. Simonin, *Abel L'Angelier*, n° 209).

Les *Saines affections* pose un problème d'histoire littéraire qui n'a pas encore reçu de solution définitive. Les trois premières éditions parurent sans nom d'auteur. En 1595 l'ouvrage paraît une dernière fois sous le nom de Madame de Rivery, mais à ce moment-là douze nouveaux discours ont été ajoutés aux dix-huit discours réunis dans les premières éditions ainsi que plusieurs pièces poétiques (*Stances*, *Stances de divers poemes*, *Autres stances*). L'année suivante les douze discours et les pièces poétiques auxquelles des sonnets (*Sonnets à Monsieur de Rivery*) et un dialogue (*Dialogue des chastes Amours d'Eros, et de Kalisti*)

---

[1] Cf. Lyndan Warner, "Marie Le Gendre, the *Saines affections* and Moral Thought in the Late Sixteenth Century", in *Women's Writing in the French Renaissance*, éd. P. Ford et G. Jondorf, Cambridge, 1999, p. 236 : "If we sketch the reception and production of the *Saines affections*, it changes our perspective on the impact of these *discours*. As a writer of moral *discours*, the author of the *Saines affections* is bound to live in the shadow of Montaigne ... But perhaps it is important to remember that in 1584, before Abel L'Angelier stocked his own production of Montaigne's *Essais*, and before L'Angelier stocked copies of Du Vair on his shelves in the Palais Boutique, the customers in the marketplace of the Palais de Justice could have purchased the 'petites règles' and 'belles sentences' of the *Saines affections*. And if we turn the world upside down, for a moment, perhaps we should consider Montaigne and Du Vair in the shadow of the author of the *Saines affections*".

[2] L'Angelier était également son éditeur.

ont été ajoutés, paraissent séparément chez Jean Le Blanc, puis en 1597 à l'adresse de Gilles Robinot sous le titre *L'exercice de l'ame vertueuse* attribué à Marie Le Gendre, dame de Rivery. L'épître anonyme qui figurait en tête du recueil dans les éditions précédentes a été remplacée par une épître dédicatoire "A tres-haulte, tres-illustre, et tres-vertueuse Princesse, Madame la Princesse de Conty"[1], qui porte la signature M.L.G. D'où les questions qui se posent concernant l'attribution de ces deux recueils : les dix-huit discours publiés à l'origine dans les *Saines affections* sont-ils de la même plume que les douze discours ajoutés en 1595 et attribués dès cette date à une certaine Marie Le Gendre ? Comment expliquer la décision de Du Breuil en 1595 de publier ces trente discours sous le même titre (*Cabinet des saines affections*) en les attribuant à un seul auteur (Madame de Rivery) et la décision de Le Blanc en 1596 de publier les douze discours parus pour la première fois l'année précédente, cette fois séparément et sous un autre titre (*L'exercice de l'ame vertueuse*) attribué à Marie Le Gendre ? Du point de vue de la matière, ces trente discours paraissent issus d'un même contexte historique (les guerres civiles) et d'un fonds culturel commun, à savoir la littérature morale de la fin du seizième siècle, ce qui pourrait expliquer la décision de l'imprimeur en 1595 de les regrouper dans un même recueil. Vu le succès durable des *Saines affections* (trois éditions avant cette date, dont deux chez L'Angelier), il n'est pas étonnant que Du Breuil ne cherchât pas à en modifier le titre. Par contre, Le Blanc, souhaitant sans doute donner du nouveau, ne reproduit les *Saines affections* que partiellement et sous un autre titre. On notera qu'il reproduit uniquement les textes qui sont alors attribués à Marie Le Gendre, les seuls dont l'attribution demeure aujourd'hui incontestée.

En 1597 paraît chez Le Blanc la seconde édition du *Passe-*

---

[1] Jeanne de Bonnétable, dame de Lucé et de Cœsmes, veuve de Louis de Montafié, baron de Lucé, dont Pierre de L'Estoile fait mention dans son *Registre-Journal* de l'année 1578. Voir *Registre-Journal du règne de Henri III*, éd. M. Lazard et G. Schrenck, Genève, 1996, t. II, p. 201. En 1582, elle épousa en secondes noces François de Bourbon, prince de Conty (1558-1614), et mourut sans enfants, le 26 décembre 1601.

temps de François Le Poulchre dans lequel celui-ci dresse une liste des femmes savantes de son temps. Le nom de Marie Le Gendre y figure comme l'auteur de *L'exercice de l'ame vertueuse* :

> *L'exercice de l'ame vertueuse*, composé & mis en lumiere de n'agueres par Marie le Gendre Dame de Rivery, semble se faire adjuger la préeminence tant de bien faire un vers tragique, & expressif de sa passion, que bien escrire en prose, en l'estile des belles dictions en l'elegance de ses phrases à mon advis peu imitables, & en la disposition de sa matiere qu'elle traite avec un artifice merveilleux, uniforme & tousjours semblable à soy-mesme.
> (*Le passe-temps*, f. 33 v°)

En revanche, les *Saines affections* est attribué à une certaine Claude de L'Aubespine, vraisemblablement Madeleine de L'Aubespine (Claude est le nom de son père), dont Ronsard a chanté les louanges : "Cette de l'Aubespine qui par Modestie ne voulut mettre son nom aux *Saines affections* qu'ell'avoit composées, et qui estoit estimee mesme de Ronsard" (f. 33). Curieusement, dans une édition parue deux ans plus tôt (1595), l'année même où les *Saines affections* paraissait pour la première fois sous le nom de Madame de Rivery, Le Poulchre ne fait pas mention de l'ouvrage. Il fait cependant un portrait fort élogieux de Madeleine de L'Aubespine :

> Ronsard Prince de noz Poetes n'eust tant magnifié une Claude de l'Aubespine s'il ne l'eust recognue digne de louange, Nous en arresterons aussi à son jugement. Quand nous considererons qu'outre sa naturelle inclination, un doux Hymen luy a donné pour guide un personnage qui en pureté des moeurs, gentillesse, & promptitude d'esprit, ne cedant à aucun de ce temps, soit au bonnes lettres, ou maniement d'affaires, poliroit par son agreable ordinaire conversation ce qui y auroit une propension contraire.
> (*Le passe-temps*, f. 33)

L'exercice de l'ame vertueuse est déjà attribué à Marie Le Gendre bien que l'ouvrage ne soit pas encore paru sous ce titre.

Or si l'attribution de *L'exercice de l'ame vertueuse* ne semble pas poser de problème, celle des *Saines affections* est demeurée problématique jusqu'à nos jours. L'abréviation *M.* de Rivery dans le privilège de 1595 a induit les traducteurs du dix-septième siècle à penser que l'auteur était un certain "Durch Herrn von Rivery" ou "Monsur de Rivery". D'ailleurs, l'écriture toute impersonnelle des *discours* ne fait que contribuer à cette impression. En outre, la parution en 1595 de l'édition des *Essais* par Marie de Gournay, le fait aussi que Marie Le Gendre se déclare la fille d'alliance de François Le Poulchre comme Marie de Gournay celle de Montaigne[1] explique qu'on ait pu attribuer les *Saines affections* à la fille d'alliance de Montaigne[2]. Le Dr. Payen, à qui sans doute on cherchait à vendre l'ouvrage plus cher (Balsamo, p. 129, n. 29), contesta l'attribution en faisant remarquer que le style, concis, sobre, limpide, était exactement à l'opposé de "la lourde manière de Mlle de Gournay" (Loviot, p. 169-170). C'est à Louis Loviot qu'on doit l'attribution des *Saines affections* à Marie Le Gendre. Il avait retrouvé une édition de 1595 portant son nom.

I. L'AUTEUR : MADELEINE DE L'AUBESPINE ?

La question d'attribution, longuement débattue, ne paraît pas résolue. L'attribution des *Saines affections* à Madeleine de L'Aubespine s'appuie aujourd'hui sur l'unique témoignage de F. Le Poulchre. Or les renseignements que nous avons sur la vie, l'œuvre et la personnalité de Madeleine de L'Aubespine d'après les poésies qui à présent lui sont attribuées, continuent à poser des énigmes qui

[1] Marie Le Gendre avait composé un *Sonnet a Monsieur de La Motte-Messemé* qui parut dans le *Passe-temps* (1595), f. A iij. Le *Dialogue des chastes Amours d'Eros, et de Kalisti* (1596), dédié *A Monsieur de La Motte-Messemé*, contient aussi un *Sonnet a Monsieur de La Motte-Messemé*, un *Quatrain de Monsieur de La Motte-Messemé* dans lequel celui-ci l'appelle "ma fille" et à la fin de l'ouvrage un sixain intitulé *Stance de M. de La Motte-Messemé.*

[2] Dans le *Bulletin du Bibliophile* de juin 1860, Paul Lacroix annonçait la découverte d'un petit volume daté de 1591, portant le titre *Des saynes affections*, qu'il attribuait à Mlle de Jars de Gournay. Un exemplaire de cette édition figure dans l'inventaire de Pierre Cabat, marchand libraire (Archives de la Gironde, Minutes Bouhet, Etude Richard, 1598, 7 janvier). Voir A. H. Schutz, *Vernacular Books in Parisian Private Libraries*, Chapel Hill, 1955, p. 68.

sont loin d'être dévoilées. Fille du secrétaire d'État Claude de L'Aubespine et de Jeanne Bochetel, Madeleine de L'Aubespine naquit le 21 mai 1546 et mourut le 17 mai 1596 alors qu'elle allait avoir cinquante ans[1]. Elle épousa Nicolas de Neufville, seigneur de Villeroy, secrétaire d'État sous Charles IX et Henri III. De toute évidence ce fut une figure publique. Dame d'honneur de Catherine de Médicis, elle accueillait des personnages de renom et les poètes de son temps en son hôtel près du Louvre et dans sa belle demeure de Conflans-l'Archevêque aux portes de Paris. D'ailleurs ceux-ci ont célébré à l'envi leur aimable hôtesse. Dans *Du bonheur de la Cour* (Anvers, 1592, f. 27), Dampmartin évoque "les rencontres et vivacitez de Mme de Villeroy"[2] ; La Croix du Maine[3] et Ronsard[4] ont fait l'éloge de ses dons littéraires ; Belleau lui a dédié une de ses *Pierres précieuses* ("La pierre d'aigle ditte aetités") ; Desportes lui a consacré de nombreuses pièces amoureuses sous le nom de Rosette, Callianthe et Cléonice[5].

---

[1] Pierre de L'Estoile lui consacre quelques lignes en guise d'oraison funèbre dans son *Registre-Journal* de l'année 1596 : "Ce jour vinrent les nouvelles à Paris de la mort de Mme de Villeroy, à Villeroy, laquelle, avant de mourir, souffrist beaucoup de tourmens en son corps et de grandes douleurs, lesquelles tous les gens de bien souhaitoient lui pouvoir servir au salut de son âme. Ceste dame estoit douée d'un bel esprit, lequel elle emploioit aux exercices ordinaires de la Cour". Cité par R. Sorg, "Une fille de Ronsard, la bergère Rosette", *Revue des Deux Mondes*, 1er janvier 1923, t. 13, p. 143-144.

[2] Cité par J. Lavaud, *Un poète de cour au temps des derniers Valois, Philippe Desportes*, Paris, 1936, p. 504.

[3] "Cette Dame est si heureuse à composer en prose et en vers, et a l'esprit et le jugement si rares, qu'elle attire un chacun à la contemplation de tant de vertus qui reluisent en elle, lesquelles elle a comme par succession de ceux desquels elle a pris origine, et pour faire preuve de ce que j'ai dit touchant son sçavoir et doctrine, j'alléguerai sa traduction des Epîtres d'Ovide, lesquelles elle n'a encore fait imprimer, non plus qu'une infinité de poëmes de son invention, lesquels sortiront en lumiere quand il lui plaira" (*Bibliothèque françoise*, éd. R. de Juvigny, 6 t., Paris, 1777, t. II, p. 70). Cité par J. Lavaud, *Philippe Desportes*, p. 503-504.

[4] Madelene, ostez moy ce nom de l'Aubespine,
Et prenez en sa place et Palmes et Lauriers,
Qui croissent sur Parnasse en verdeur les premiers,
Dignes de prendre en vous et tiges et racine. ...

Ce texte est reproduit dans *Les chansons de Callianthe*, intr. par R. Sorg, Paris, 1926, p. 25-26.

[5] Sur l'identification de l'inspiratrice de Desportes, voir outre l'étude déjà citée de Sorg, F. Lachèvre, "La Rosette de Desportes : Madeleine de L'Aubespine et Héliette de Vivonne", *Revue d'Histoire Littéraire de la France*,

Selon Le Poulchre, Madeleine de L'Aubespine était d'une très grande modestie. Aussi donna-t-elle les *Saines affections* sans nom d'auteur. Or la réponse de Madeleine à l'hommage rendu par Ronsard trahit un tout autre aspect de sa personnalité. Dans ce poème Madeleine se déclare la fille de Ronsard : "ta fille je m'apelle". La confiance que son protecteur lui témoigne la détermine à poursuivre son œuvre poétique,

> Tant de flame et d'amour, dont tu vas allumant
> La nuict de mes escriptz que Ta Muse eternise,
> Font que je me tiens chere et me plais et me prise,
> Car je ne puis faillir, suyvant ton jugement.

et l'incite à lui faire des confidences qu'à l'époque on aurait jugé déplacées dans la bouche d'une femme[1]. Ainsi le dernier tercet exprime les ambitions littéraires de Madeleine et son ardent amour de la gloire :

> Monstre moy le chemin et la sente incongnue
> Par qui tant de lumiere en la France est venue,
> Et qui rend ton renom plus luysant que le jour.
> (*Les chansons de Callianthe*, p. 27)

Auteur incertain des *Saines affections*, Madeleine de L'Aubespine aurait laissé aussi des poésies restées manuscrites jusqu'au début du vingtième siècle. Là encore la question d'attribution s'est longtemps posée. C'est Roger Sorg qui en 1926 publia sous le nom de Madeleine de L'Aubespine une série de pièces tirées du MS français 1718 de la Bibliothèque Nationale. Frédéric Lachèvre contesta leur attribution à Madeleine de L'Aubespine pour la

---

1923, p. 510 ; J. Lavaud, *Philippe Desportes*, p. 57-60 et 501-516, Appendice I. Lavaud donne raison à Sorg sur la personnalité de Callianthe, mais il montre aussi que sous le nom de Cléonice, Desportes a célébré plusieurs femmes outre Madeleine de L'Aubespine.

[1] Voir à ce sujet notre article "Miroirs du sujet : les femmes poètes au temps de la Renaissance", *Revue des Amis de Ronsard*, VII, avril 1994, p. 53-73.

reporter à Héliette de Vivonne[1]. En 1936 la question fut tranchée par Jacques Lavaud en faveur de Sorg.

Le mince recueil attribué à Madeleine de L'Aubespine comprend outre les réponses de l'auteur aux sonnets de Ronsard et de Desportes, onze sonnets d'amour, la fameuse villanelle de Desportes et de Callianthe arbitrée par Agrippa d'Aubigné et des pièces diverses dont la valeur poétique est assez médiocre. L'auteur montre une prédilection pour les sujets légers ("Dialogue d'un pourpoint et d'un robon qui jadis furent robes") et les petits genres, d'une part la chanson et le débat qui lui permettent de développer des points bien connus de la casuistique amoureuse[2] , d'autre part l'énigme[3] et l'épigramme qui furent très prisés par la brillante société de cet âge. Dans l'"Epigramme d'amour sur son nom de L'Aubespine", l'auteur joue sur son propre nom, soucieuse d'y chercher comme un symbole du trait essentiel de sa personnalité, à savoir la fidélité, la constance : "Autour d'un aubespin j'escrivis une fois : / Icy croisse la foy et vive la constance". C'est le thème de la constance féminine (opposé à l'inconstance masculine)[4] qui prédomine encore dans les onze sonnets d'amour[5]. Dans le poème qui suit, l'auteur feint de s'interroger sur le mérite attribué à cette qualité dans la société contemporaine pour mieux faire ressortir ce qui la distingue des autres :

Par trop de fermeté de moy mesme j'ay honte,
Et cache au fond du cueur l'amoureuse poison
Pour me faire estimer, car, en ceste saison,
D'un esprit plain d'arrest l'on ne fait plus de conte.

---

[1] Cf. Fr. Lachèvre, *Poésies de Héliette de Vivonne attribuées à tort à Madeleine de L'Aubespine*, Paris, 1932.

[2] Par exemple, dans la *Villanelle de Desportes et Callianthe*, la question se pose de savoir lequel est de la dame ou de l'amant celui qui est le plus fidèle?

[3] Voir le sonnet en forme d'énigme dépeignant la manière de jouer du luth.

[4] Voir sonnets III, IV, VIII, IX. Par contre, les sonnets I, II, X, XI dénoncent l'infidélité et l'ingratitude de l'amant.

[5] L'auteur affectionne particulièrement le sonnet marotique (abba abba cc deed) en vers alexandrins. L'alexandrin, à partir des années 1550, tend à détrôner le décasyllabe.

Il suffit seulement d'en sçavoir deviser,
Et par un feinct propos les simples abuzer.
(*Les chansons de Callianthe*, p. 42)

Autre variation sur la dialectique de la constance et de l'inconstance, le thème de la femme abandonnée qu'Ovide avait rendu populaire par ses *Héroïdes*. Madeleine de L'Aubespine donne une traduction française de l'histoire de Phillis et Demophon rapportée dans l'une des *Héroïdes*. Enfin deux sonnets chrétiens, dans lesquels l'auteur confesse sa "grande erreur" et implore Dieu de prendre pitié d'elle[1], tranchent nettement avec le restant de l'oeuvre.

En somme, la production poétique de Madeleine de L'Aubespine, mélange d'esprit, de grâce et de légèreté en faveur dans les salons en cette fin de siècle, ne trahit pas la moindre ressemblance avec les graves discours réunis dans les *Saines affections*. La comparaison des œuvres aujourd'hui attribuées à Madeleine de L'Aubespine ne permet donc pas de tirer de conclusion définitive. Souhaitons de voir la question résolue quelque jour afin de rendre à Madeleine de L'Aubespine la place qui lui est due dans la littérature française.

II. LES *SAINES AFFECTIONS* ET LA LITTÉRATURE MORALE DE LA FIN DU SEIZIÈME SIÈCLE

1. La recherche de la tranquillité

Les *Saines affections* s'inscrit dans le sillage des *Essais* de Montaigne, de l'abondante floraison de réflexions morales des années 1580-1625[2] et par-delà Plutarque, Cicéron, Sénèque,

---

[1] *Les chansons de Callianthe*, p. 68. Voir aussi p. 69 : "Mes pechéz, ô Seigneur, en tremblant je t'accuse".

[2] On a cherché dans les annotations à replacer l'auteur des *Saines affections* parmi ses contemporains, dans un plus large contexte culturel, littéraire.

Épictète qu'on va éditer, traduire, paraphraser, commenter tout au long du siècle[1]. On sait le prestige dont jouissent à l'époque entre tous les philosophes de l'antiquité les Stoïciens. D'aucuns, cherchant à élucider le mystère de l'homme et du monde, s'interrogent sur la légitimité et l'utilité de la philosophie ; d'autres, en quête d'enseignements utiles à la vie, proclament bien haut la supériorité de la philosophie sur toutes les autres sciences[2]. L'auteur des *Saines*

---

[1] De Cicéron on traduit le livre des *Offices* (*Les trois livres des Offices* par David Miffaut, 1502 ; par Louis Meigret, 1547 ; *Les Offices de M. T. Cicéron avec les traités de l'Amitié, de la Vieillesse, des Paradoxes, du Songe de Scipion*, anonyme, 1583) ; le livre des *Lois* (*Les Lois*, trad. Jehan Collin) ; les *Tusculanes* (*Les questions tusculanes,* livres I-III, trad. Estienne Dolet, 1543) ; le *Songe de Scipion* (*Le Songe de Scipion*, trad. Pierre Saliat, 1543) ; le traité de la *Nature des Dieux* (*Les trois livres de la Nature des Dieux*, trad. Guy Le Fèvre de La Boderie, 1581). Paraissent de nombreux florilèges des sentences de Sénèque, entre autres Érasme, *Senecae [...] lucubrationes omnes* (1515) et Pierre Grosnet, *Les authoritez, sentences et singuliers enseignements [...] de Seneque* (1534). De Sénèque c'est encore le *Traité de la Providence* (*Traité de la Providence de Sénèque*, trad. par Ange Cappel, 1578), divers opuscules (*Les trois livres de Seneque De la Colère, De la Clemence, De la Pauvreté*, trad. Ange Cappel, 1585, 1595, n.d.) et de nombreux extraits de ses *Épîtres à Lucilius*. En appendice à son *Excellent discours* (1576), Du Plessis-Mornay ajoute un florilège des *Lettres à Lucilius* et plusieurs traités moraux. Le seigneur de Pressac (le beau-frère de Montaigne) fait précéder son *Cléandre* d'un choix des *Epistres morales* de Sénèque (1598). En 1587 Muret publie l'édition des *Œuvres complètes* ; en 1595 et 1598 Goulart donne la version française des *Moralia*. De Plutarque paraissent de nombreuses traductions françaises des *Moralia* (*Œuvres meslées*, trad. Jacques Amyot, 1572) et de plusieurs opuscules : *Sur les moyens de distinguer le flatteur d'avec l'ami* (trad. fr. François Sauvaige, 1519 ; Antoine du Saix, 1537) ; *De non se courroucer* (trad. lat. Érasme, 1526 ; trad. fr. Pierre de Saint-Julien, 1546) ; *Du trop parler* (paru dans au moins six versions latines différentes avant la traduction française de Jacques Amyot en 1572). Au moyen âge, le *Manuel d'Épictète* avait été adapté pour servir d'introduction au christianisme (*Sancti Nili ascetoe Manuale Epicteti usui Christianorum adcommodatum*). Traduit en latin et commenté par les Italiens Perotti, Politien, Caninius, il paraît bientôt dans plusieurs versions françaises, en 1544 par Antoine du Moulin; en 1567 par André Rivaudeau sous le titre *La doctrine d'Epictète philosophe, Comme l'homme se peut rendre vertueus, libre, heureus et sans passion*; en 1591 par Guillaume du Vair. En 1558 Jean de Coras publie une traduction de la fameuse *Altercation ... de l'Empereur Adrien et du philosophe Epictète.* Enfin, Du Vair résume à l'usage des Français *La philosophie morale des Stoïques* (1585, 1591, 1593, 1600). Sur le néo-stoïcisme dans ses traductions, voir entre autres L. Zanta, *La renaissance du stoïcisme au XVIe siècle*, Paris, 1914, p. 123-147 et *La traduction française du Manuel d'Épictète*, Paris, 1914, p. 61-87 ; H. Busson, *La pensée religieuse française de Charron à Pascal*, Paris, 1933, ch. 8. Sur Plutarque et sa position vis-à-vis des Stoïciens, voir D. Babut, *Plutarque et le stoïcisme*, Paris, 1969, et en particulier p. 102-115; 318-333 ; R. Aulotte, *Amyot et Plutarque*, Genève, 1965.

[2] Le Caron est de ceux qui affirment la précellence incontestée de la philosophie : "il n'est rien plus excellent, plus roial, plus divin que la philosophie, qui embrasse toutes les sciences. C'est elle qui rend l'homme digne de l'honneur,

affections croit fermement à l'efficacité de la philosophie, maîtresse de vie meilleure par laquelle l'homme se détache des choses mondaines pour aspirer aux choses célestes et éternelles.

Dans les *Saines affections* la réflexion philosophique prend la forme d'une méditation sur l'homme, sa condition, sa destinée et conduit à l'élaboration d'une “morale pratique”--une morale rationnelle édifiée à l'exemple des morales antiques sur les bases de la raison. Les moyens proposés pour atteindre à cet idéal de quiétude, sont de deux sortes : l'exercice de la raison et la pratique des vertus. Au rebours de Montaigne qui dans l'*Apologie de Raimond Sebond* malmène la raison, soulignant le mauvais usage que l'homme en fait, l'auteur des *Saines affections* proclame la confiance absolue qu'il porte à la raison. Le premier discours est consacré à en faire l'apologie. Après avoir rappelé que la raison fait la grandeur de l'homme, l'auteur s'attache à démontrer dans les discours qui suivent la place qu'elle tient dans la recherche de la vertu et de la vérité. La raison décèle les passions à l'oeuvre, veille à en prévenir les excès, impose la mesure. Elle enseigne également à reconnaître les faux prestiges, les trompeuses séductions d'une vie trop extérieure, les opinions erronées qui s'emparent de notre imagination. La lutte contre le vice et l'ignorance conduit à la réconciliation avec la mort. Cette question qui fait l'objet du dernier discours, marque l'aboutissement de l'itinéraire spirituel.

L'auteur s'étend longuement sur ce phénomène troublant

---

qu'il a sur tous les autres animaux ... Qui est plus utile & necessaire à la vie humaine, que ceste vertu ..." (*La philosophie*, Paris, 1555, f. 9). Ronsard consacre un hymne à en faire l'éloge : “Ton nom soit saint : sainte Philosophie,/L'homme prudent, qui resolu se fie/En tes propos, d'un courage constant,/Sans craindre rien, comme celuy qui pense/Que de nul mal la Vertu ne s'offense” (*L'hymne de la Philosophie, Le second livre des Hymnes*, in *Oeuvres complètes*, éd. J. Céard, D. Ménager et M. Simonin, Paris, 1994, t. II, p. 524). Montaigne, en revanche, exprime de nombreuses réserves vis-à-vis du savoir philosophique et du savoir en général. Par philosophie, il entend “celle qui nous instruict à vivre” (*Essais*, éd. A. Thibaudet et M. Rat, Paris, 1962, I, xxvi, p. 162) et insiste sur la nécessité de “borner le cours de nostre estude en icelles [=ces sciences], où faut l'utilité” (*Essais*, I, xxvi, p. 158). Voir aussi I, xxx, p. 195-196 : “[il ne faut] s'y enfoncer outre les bornes du profit ... prinse avec moderation, elle est plaisante et commode ... en son excès, elle esclave nostre naturelle franchise, et nous desvoye, par une importune subtilité, du beau et plain chemin que nature nous a tracé”. Sur les partisans et les détracteurs de la philosophie, voir R. Bady, *L'homme et son institution,* Paris, 1964. p. 69-89.

qu'est la passion[1], détaillant les opérations de chacune d'elles, de la vanité à l'ambition à l'envie à la tristesse à l'ingratitude, puis la manière de les combattre--tout un programme qui n'est qu'une nouvelle occasion de rendre hommage à la raison humaine, d'en célébrer le pouvoir, l'activité bienfaisante. Les passions ne sont pas, à ses yeux, foncièrement mauvaises, comme le soutiennent les Stoïciens, mais elles doivent être contenues dans d'étroites limites. Il s'agit, comme dit Plutarque, de les restreindre (non pas de les éliminer complètement comme le veulent les Stoïciens)[2], de préserver, voire de cultiver, ce qu'il y a de bon en elles[3].

Le second moyen pour acquérir cette tranquillité qui rend l'homme maître de son âme, consiste dans l'exercice des vertus. La question de la vertu est examinée sous ses différents aspects à la lumière des théories classiques rebattues par les moralistes de la fin du siècle. L'auteur s'accorde avec la théorie aristotélicienne qui dit que la vertu réside “en la médiocrité” et qu'elle consiste en “une constante habitude d'esprit” et non point en quelques actes héroïques isolés. La vertu ne peut être que pur désintéressement ; elle demande à être aimée pour elle-même, sans considération d'intérêt ou de gloire : “la vertu en qui que ce soit, est tousjours le

---

[1] Comparer à F. Le Poulchre, *Le passe-temps* (1595), f. 1 : “Il me semble que nostre principal soin doit estre de les brider tellement que nostre ame ne s'ebranle jamais de l'assiette que la raison luy aura prescritte & desinee : Et afin que dés le commencement de la naissance de telles perturbations nous puissions plus facillement trouver le moyen d'estouffer leur violance, il faut sçavoir de quelle matiere elles sont composees, & si elles sont de l'origine & manutention de nostre substance, ou si elles tombent en icelle accidentallement”.

[2] Sur ces différences, voir Babut, p. 318 sqq.

[3] L'auteur s'accorde ici avec Ronsard qui dit dans un discours prononcé à l'Académie du Palais : “Or, quand les passions sont debordées et hors de mediocrité, elles ne sont pas seullement vicieuses mais elles engendrent les vices. Mais quand elles sont bien moderées et guidées par le frain de la raison, elles ne sont pas vitieuses : au contraire elles sont principes et matieres de la vertu” (*Des vertus intellectuelles et* moralles, in *OC*, t. II, p. 1191-1192). Dampmartin en juge autrement. Cf. *De la conoissance et merveilles du monde et de l'homme*, Paris, 1585, IV, f. 115 : “encor que selon le dire de quelques uns, l'ambition soit souvent un esguillon à la vertu, & qu'elle témoigne que l'esprit qui la reçoit a quelque chose de grand par dessus les autres: toutesfois il est encor plus veritable qu'elle est cause de tout aveuglement, depuis que l'homme à la façon des Titans, s'efforce d'escheler les cieus, c'est à dire quand il veut monter où il ne doit, & aspire où il ne peut atteindre”.

salaire et recompense de soy mesme" (*SA*, f. G 5 v°)[1]. Ce n'est ni pour le public, ni en public qu'il faut être vertueux, mais en particulier, dans l'intimité la plus secrète de sa conscience. Ce ne sont en effet ni les dignités, ni le pouvoir, ni la richesse qui procurent la félicité, mais la juste satisfaction de la conscience, la possession de la vertu. Si la vertu n'est pas décrite comme une qualité austère[2], elle ne prend pas non plus le visage souriant qu'elle a si souvent chez Montaigne[3]. L'auteur des *Saines affections* souhaite croire au bien, à la vertu, à l'accord de la vertu et du bonheur rêvé par la morale antique[4]. Pourtant tout à présent nie ce bonheur. Jamais la vertu n'a été foulée avec autant de violence. Témoin ce passage tout résonnant de la tragédie contemporaine :

> C'est chose estrange de voir comment tout est corrompu et vendu, et comme tout va sans dessus-dessous, comme le pauvre est chastié pour legere faulte, comme la justice espargne les riches et les grands, et comme toute la practique humaine n'est autre chose qu'argent : et le peu d'exemple et d'occasion de bien vivre, que nous donnent ceux, qui tiennent les charges et les premiers lieux. L'homme vertueux est tenu comme un monstre, craint et abhorré.
> (*SA*, f. I)[5]

---

[1] Une idée chère à Montaigne, voir *Essais*, II, xvii, in *OC*, p. 631 : "C'est la premiere et fondamentale partie de la vertu. Il la faut aymer pour elle mesme".

[2] Chez Marie Le Gendre, les notions d'effort et de maîtrise de soi interviennent à l'occasion. Voir dans *L'exercice de l'ame vertueuse* le discours IV concernant la différence des tempéraments et des natures qui sont moins disposées à la vertu.

[3] Cf. *Essais*, I, xxvi, in *OC*, p. 161 : "le prix et hauteur de la vraye vertu est en la facilité, utilité et plaisir de son exercice, si esloigné de difficulté" ; I, xx, p. 81 : "L'heur et la beatitude qui reluit en la vertu, remplit toutes ses appartenances et avenues, jusques à la premiere entree et extreme barriere" ; III, v, p. 822 : "La vertu est qualité plaisante et gaye", etc.

[4] Sur cette notion, voir Cicéron, *Des vrais biens et des vrais maux*, Livre V, xxvii-xxxii.

[5] On rapprochera cette observation des *Stances de divers poemes* de Marie Le Gendre, I : "Aujourd'huy la vertu empesche le bon heur/Où l'on ne void plus rien regner que l'ignorance,/Faire de l'honneur vice, et fouler la prudence/Aux piez des insolens pour preuve de valeur" (*L'exercice de l'ame vertueuse*, f. C 8 v°).

L'auteur des *Saines affections*, comme Montaigne et comme La Noue[1], accuse avec indignation, avec douleur même, le désordre des moeurs, l'envie, la cupidité, la futilité, autant de maux qui accablent son siècle :

> Nous sommes venuz en un temps si miserable, que nostre vie pend plus de celle d'autruy, que de soy-mesme : et le bien de nostre voysin nous donne plus d'ennuy, que le nostre ne nous donne de plaisir.
> (*SA*, f. E 8 v°- F)

Pourtant, devant la corruption du monde, il n'opte pas pour la retraite (*abstine*)[2]. L'être social fait l'objet de plusieurs discussions (*SA*, I à VI), au cours desquelles une sorte de "morale civile"est ébauchée. On y rappelle que l'homme ne peut se passer de relations avec ses semblables, qu'il est tenu de s'occuper et de remplir les devoirs qui incombent à tout homme vivant en société. En effet la communauté d'intérêts exige que tous contribuent au profit d'un chacun : "L'homme n'est pas né pour vivre les bras croisez, mais au contraire comme un des plus beaux membres de l'univers il doibt contribuer sa peine à la conduite et conservation de la societé civile, en laquelle il se trouve posé" (*SA*, f. A 7 v°). Le bon citoyen aura pour son but le bien public (*SA*, XI). Celui qui n'a pas d'inclination particulière pour les affaires publiques, trouvera quelque moyen de se rendre utile à ses concitoyens (*SA*, IIII). Il est jugé bon de prendre

---

[1] Cf. *Discours politiques & militaires*, Bâle, 1587, en particulier, f. 1-40, Discours I, "*Que le royaume de France s'en va peu à peu versant, & est prochain de faire une lourde cheute, si Dieu par sa souveraine bonté ne le soustient*" ; f. 147-156, Discours VII, "*Que la trop petite consideration des biens que nous avons, & la trop aspre convoitise des biens que nous n'avons pas, va multipliant nos miseres*".

[2] Dans son *Exhortation à la vie civile*, Du Vair plaide en faveur de l'action dans les circonstances présentes : "est ce pas une partie du devoir de bons enfans & de bons amis d'assister les malades, mesmes desesperez jusques à la mort, & la leur rendre douce ... C'est à guerir & à soulager ces desordres la, que la Republique & vostre devoir vous appellent, il ne faut pas seulement apporter vos voeux, mais vos mains, & travailler à guerir vostre pays de si fascheuses playes ... C'est un mestier, où nous ne choisissions pas la matiere, on nous la donne: bien souvent un bon ouvrier est contraint de travailler en boys pourry, il ne faut pas qu'il quite tout pour cela : ains regarde ce que l'on peut faire de mieux d'un si mauvais suject ..." (*La saincte philosophie*, Paris, 1600, f. 348-349). Montaigne, au rebours de Du Vair, tend à préconiser l'abstention qui semble correspondre davantage à son tempérament (voir *Essais*, III, ix, x).

conscience des dispositions dont Dieu nous a doués de sorte à vivre en conformité avec soi-même et avec la nature : "Dieu a formé diversement les hommes pour diverses choses ... chacun doit adviser à quoy il est propre et suffisant et s'y contenir" (*SA*, f. F 4 v° & F iij v°). Une fois nos aptitudes reconnues, il faudra encore apprendre à mesurer nos forces à la fin que nous souhaitons atteindre (*SA*, II). La démesure résulte de la méconnaissance de soi-même.

Toutes les vertus supposées concourir au développement de la tranquillité sont passées systématiquement en revue, et en particulier, les vertus proprement morales (prudence, prévoyance, tempérance, maîtrise de soi, modération, souplesse[1]) qui visent à régler les moeurs. Cependant celles-ci n'opèrent pas seules, mais sont liées aux vertus purement chrétiennes : la charité qui fait voir dans son prochain un frère appelé à partager le même héritage (*SA*, IIII), l'espérance de l'immortalité et d'un bonheur d'au-delà (*SA*, XVIII), la foi en Dieu, la pauvreté qui met l'homme "hors de la puissance de fortune" (*SA*, XVII), la patience qui supporte en les accueillant les caprices de la Fortune (*SA*, IV), enfin l'humilité qui constate la bassesse et la petitesse humaines (*SA*, X).

La vertu d'humilité contribue dans une grande mesure à l'acquisition de la tranquillité. Elle enseigne à mépriser les biens extérieurs et les honneurs mondains, fragiles et vains, préconise la sobriété dans le manger et le vêtement, la simplicité dans le maintien, les manières, les paroles (*SA*, IX). Sans ignorer complètement les exigences sociales, l'auteur des *Saines affections* ne condamne pas moins ceux qui cherchent à paraître autres qu'ils

---

[1] "Aussi faut il s'accommoder à tout. Car en ce faisant, quelque nouvel accident qui vous puisse advenir ... il ne vous sçauroit troubler ni inquieter. ... c'est une mesme impuissance de ne sçavoir changer, et ne pouvoir demeurer ferme" (*SA*, f. C 8). Souplesse alliée à la variété dont Alcibiade est le meilleur exemple. Cf. Plutarque, *Vie d'Alcibiade*, XLIII, in *Vies*, trad. J. Amyot, éd. G. Walter, Paris, 1951, vol. I, p. 446 : "il se conformait totalement à leurs moeurs et à leurs façons de faire, et prenait entièrement leur manière de vivre, se transformant en toutes sortes de figures plus légèrement que ne fait le caméléon."; Montaigne, I, xxvi, in *OC*, p. 166-167.

ne sont. A l'instar de Montaigne[1], rien ne lui déplaît tant que la feinte, le déguisement, l'affectation, qu'il range parmi les plus redoutables ennemis de la tranquillité. Cependant la véritable humilité est intérieure. Elle consiste dans la juste évaluation de soi-même, voire dans la reconnaissance volontaire de notre misère[2], de notre condition de créature menacée. L'interprétation chrétienne de l'oracle delphique aboutit à une série de prescriptions soulignant la nécessité de juger sereinement des choses afin d'apprécier ce qui a été mis à notre disposition, à commencer par le monde dans lequel on vit[3] : "ne soyez aussi si fol et temeraire d'entre-prendre ce qui surpasse vos forces" (*SA*, f. B v°) ; "C'est bien faict aussi de refrener nos esperances, et ne vouloir estendre nos desseins plus loin, que là où nous pensons pouvoir parvenir" (*SA*, f. E iij v°) ; "chacun se doit contenir en sa profession, sans s'empescher de celle d'autruy" (*SA*, f. F iij v°). Fondamentale à l'apprentissage du bien vivre, la connaissance de soi l'est d'autant plus qu'elle mène à la connaissance de Dieu qui procure la véritable paix de l'âme :

> Nous consumons nostre vie en tant de menées et practiques, que nous n'en jouyssons point ... Si nous sçavions depestrer nostre esprit, et luy donner lieu pour s'entretenir, et repaistre de telles choses, et de la cognoissance de Dieu, rien ne le sçauroit contrister. Au contraire estant uny avec son createur, il se recueilleroit paisible en soy, et vivroit perpetuellement joyeux.
> (*SA*, f. G 7)[4]

---

[1] Cf. *Essais*, II, xvii, in *OC*, p. 630 : "quant à cette nouvelle vertu de faintise et de dissimulation, qui est à cette heure si fort en credit, je la hay capitallement ; et, de tous les vices, je n'en trouve aucun qui tesmoigne tant de lacheté et bassesse de coeur".

[2] Comparer à Lespine, *Excellens discours*, La Rochelle, 1588, f. 135 : "[Se considerer] tout nud en sa nature" est l'unique moyen de "se bien humilier"; Habert, *Le miroir de la vertu*, Paris, 1587, f. 30 v° : "Tout homme se doit cognoistre soy-mesme sans s'eslever par aucune gloire, encores qu'il soit dominateur & possesseur de tous les biens du monde. Car nous ne sommes qu'un ver de terre, sujets à toutes calamitez, pauvretez & miseres".

[3] "Le monde n'est autre chose qu'un temple beau et sainct, auquel l'homme est receu dés qu'il prend naissance", dit l'auteur qui pastiche là Cicéron (*SA*, f. G 6).

[4] Voir aussi *SA*, f. C 5 : "la seule charité mettra paix et tranquillité en vostre esprit".

2. Pensée antique et pensée chrétienne

Comme toute oeuvre néo-stoïcienne de cette époque, les discours sont caractérisés par une fusion intime du stoïcisme et du christianisme. L'auteur, on l'a vu, porte l'homme aux nues en soulignant ce qui le distingue de la bête et loue à l'envi la faculté dont il est le plus fier. Cependant il a bien senti les conséquences que pouvait avoir cette prise de conscience, l'orgueil qu'elle pouvait inspirer en l'homme, l'amour de soi qui s'infiltre si facilement dans son coeur. Avant François de Sales et La Rochefoucauld qui a beaucoup insisté là-dessus, l'auteur des *Saines affections* attire l'attention sur le fait que le manque de tranquillité vient en grande partie de l'amour de soi : "La cause de ce mal est la trop grande affection que les hommes portent à eux mesmes"[1]. (Trace de ce courant de pensée humaniste, aristotélicien et chrétien, qui condamne l'amour de soi comme complaisance à se contempler, comme excès de jugement qui nourrit l'orgueil[2].) Tout son effort dorénavant va tendre à ramener l'homme sur terre, à réorienter "le hault regard" vers l'être infirme, la créature constamment menacée: "Souvienne toy que tu és terre, et que tu retourneras en terre" (*SA*, f. E 7 v°). En effet la connaissance de soi commence, comme l'examen de conscience chrétien, par le renoncement à l'orgueil qui fait oublier à l'homme son humble origine et sa destinée et par la prise de conscience que "tout branle en ce monde ... il n'y a rien ferme et stable" (*SA*, f. B iij v°).

Certes la raison est exaltée comme le don suprême de Dieu; toutefois, c'est la foi qui arrache à l'incertitude et trace les devoirs. Dans le premier discours, il est écrit : "La meditation est celle qui donne la trempe à l'ame, et la rend dure et impenetrable à tout ce

---

[1] Cf. *SA*, f. F. v°-F ij & f. I iij : "L'excessive amour que nous avons à nous mesmes, nous trompe".

[2] Cf. Aristote, *Éthique à Nicomaque*, 1168b-1169b ; s. Paul, *Deuxième épître à Timothée*, III, 2. On lira avec profit l'étude de J. Mesnard, "Sur le terme de la notion de philautie", in *La culture du XVII*e *siècle*, Paris, 1992, p. 48-66. En revanche, dans le *Dialogue des chastes Amours d'Eros, et de Kalisti* de Marie Le Gendre, l'amour de soi, considéré dans un tout autre contexte (la recherche d'amour mutuel) conserve l'aspect positif que lui attribuait la tradition néo-platonicienne.

qui la veut entamer ..." (*SA*, f. A 6). Suit l'anecdote de Canius qui, sur le point d'être envoyé au supplice, parvient à s'affranchir de l'appréhension servile en élevant sa réflexion et méditant sur la mort et la survie de l'âme: "Et prenant congé de ses amis ne leur dict autre adieu, sinon, O mes amis, je sçauray tantost ce que j'ay tant desiré sçavoir, si l'ame est immortelle, et si l'on sent à la mort la separation qui se fait de l'ame et du corps" (*SA*, f. A 6 v°). On voit la distance que l'auteur prend par rapport à Sénèque (*De la tranquillité de l'âme*, XIV, 6, 10), pour qui l'anecdote n'a d'autre but que d'illustrer la grandeur d'âme de Canius et l'infaillibité stoïcienne. La vérité atteinte par les philosophes païens grâce au seul effort du raisonnement sert ici de préparation aux vérités révélées et proposées à la foi des chrétiens, d'acheminement à la connaissance de Dieu où gît le Souverain Bien de l'homme. L'auteur conclut son récit ainsi : "Si le desir de sçavoir quelle seroit l'ame apres la mort, a rendu le tourment doux à celuy là : que doibt faire la certaine cognoissance que nous avons de l'immortalité de l'ame, et l'esperance d'une vie eternelle, et eternellement heureuse, à ceux qui la repasseront ordinairement en leur pensée?" (*SA*, f. A 7) Dans le quatrième discours, tandis que Sénèque dont ce discours est tiré en partie, préconise l'usage de la raison pour combattre l'adversité, il est recommandé de s'en remettre à Dieu en prenant comme exemple la foi inébranlable de Jonas dans le ventre de la baleine. Ailleurs, il est montré que c'est l'amour de Dieu et l'espérance qui rendent l'homme vertueux inaccessible à la douleur et même qui la lui font aimer : "Dieu ... a voulu qu'ils passassent par telles tribulations, comme par un traject, voire que les peines qu'ils souffrent les stimulent davantage à sortir de ce monde" (*SA*, f. H iiij). La constance de l'homme vertueux, le renoncement, le détachement de l'âme de tout ce qui lui est extérieur ne sont jamais le fruit de l'ataraxie stoïcienne mais de l'amour que le chrétien porte à son créateur, de l'assurance qu'il a de trouver d'autres biens supérieurs, de la foi qui soulève les montagnes.

D'autres questions chères aux Stoïciens sont examinées dans les discours : la mort, la destinée immortelle de l'âme, la justification du mal dans le monde, l'inégalité des peines et les causes de l'apparente injustice divine. Encore une fois les distinctions sont nettes. Le dernier discours considère plusieurs interprétations de la mort, et en particulier, la conception chrétienne avec, d'une part, les misères de la vie terrestre, les "labeurs et travaux" de l'homme ici-bas et les nombreuses occasions de pécher et, d'autre part, la mort-remède et soulagement. L'épreuve est bonne et salutaire, les maux servent à l'exercice de l'homme vertueux en le fortifiant, en lui faisant connaître ce qu'il a de force et de vertu[1], dit l'auteur qui évoque encore l'argument stoïcien. Cependant, après avoir raisonné à la manière des disciples du Portique que la mort n'est pas un mal, que c'est le lot commun de tous les êtres en ce monde, il s'empresse d'ajouter que l'épreuve est le signe d'une élection comme s'il cherchait à sauver Dieu du reproche d'impassibilité et rappelle que la mort n'est que le passage à la béatitude éternelle qui nous est promise. Ce ne sont plus alors "les grands et fameux personnages du temps passé" qui sont donnés comme exemples (*SA*, f. C iiij v°), mais les saints et les martyrs. Ils ont prisé la mort qui leur apportait "l'allegement de leurs maux", les laissant "quittes et deschargez de tentation, et des tourmens de ce monde" (*SA*, f. L 5 & H iij v°).

L'auteur des *Saines affections*, gagné à son tour par la mode stoïcienne qui règne en son siècle, sait en faire son profit. Il a senti les rapports étroits entre le stoïcisme et le christianisme, il a vu dans la morale antique une manière de "réhabiliter" la morale chrétienne qui ne s'avère plus alors efficace. Or, si la dignité offerte par l'une ne manque pas de le séduire, la béatitude éternelle promise par l'autre semble lui apporter une consolation et une force contre le

---

[1]Une idée que l'on trouve aussi chez Le Caron dans *De la tranquillité d'esprit*, f. 33-34 : "Car pour en bien parler les tribultations, miseres & calamitez de ce monde nous sont sans comparaison (si les sçavons bien practiquer) plus utiles, que le trop d'ayses & plaisirs & voluptez: d'autant qu'icelles nous apprennent à nous recognoistre, & mespriser ce qui est fragile, caduque & mortel, & aspirer à l'eternel & perdurable, au contraire les delices & superfluitez de richesses & pompes d'honneur & prosperitez nous rendent plus fiers, insolens, desbauchez, & à nous mesmes incompatibles, pour nous faire mescognoistre l'autheur de tous biens, & en fin nous precipiter à une perdition & ruine eternelle. C'est pourquoy nous lisons souvent en Thucydide, Tacite & autres historiens, que l'homme est plus insolent & mal-advisé en la fortune prospere, qu'en l'adverse & contraire, & que plus difficilement & immoderement il porte les prosperitez que les adversitez : par ce que d'icelles il est transporté hors de raison & borne de modestie, & ne les peut sagement garder".

mal présent. C'est en effet la foi chrétienne qui finit par le tranquilliser. Aussi emprunte-t-il ses vues les plus décisives, ses arguments les plus solides, ses exemples les plus frappants aux croyances chrétiennes.

3. La mise au silence du moi

De toutes les leçons héritées de l'antiquité, apprendre à se connaître est alors de loin la plus fréquemment invoquée :

> Le vray commencement pour en vertus accroistre,
> C'est (disoit Apollon) soy-mesme se cognoistre:
> Celuy qui se cognoist, est seul maistre de soy,
> Et sans avoir Royaume, il est vrayment un Roy.

dit entre autres Ronsard dans son *Institution pour l'adolescence du Roy tres-chrestien*[1]. A la manière de ses contemporains et par delà ceux-ci les philosophes stoïciens[2], l'auteur des *Saines affections* invite l'homme à "replier sa vue au de-dans". Cependant, ce qui frappe dans cet ouvrage c'est le décalage entre l'objectif proposé par l'auteur (la connaissance de soi) et le moyen d'y parvenir (la longue attention employée à considérer autrui). L'Autre revêt ici des visages très divers, le sage, le martyr, le saint, le Christ qui sont invoqués comme modèles ou encore l'homme, en général présenté sous son aspect le plus misérable, qui sert à condamner tel comportement, à mettre en garde contre telle passion, etc. En somme, bien que le désir de se connaître constitue ici le centre de la réflexion, l'auteur des *Saines affections*, au rebours de Montaigne, ne se prend jamais comme objet de son propre discours. Ce n'est ni en tant que femme ni au nom du sexe féminin qu'il prend la parole[3]. En outre il hésite à se poser en sujet. Des remarques à la première personne surgissent parfois parmi des

---

[1] Ronsard, *Discours des Miseres de ce temps*, in *OC*, t. II, p. 1008.

[2] Cf. entre autres Sénèque, *Épîtres à Lucilius*, VII, 2 & 3.

[3] La seule mention qui soit faite du sexe féminin est dans le discours XV : "Si les mœurs d'une femme vous importunent, il les faut flechir doucement, et avec le discours s'il est possible" (f. I iiij- I iiij v°).

réflexions caractéristiques des traités moraux. Ces incursions du *je* surprennent par leur rareté même et par leur circonspection. En effet, ce n'est que timidement, comme en aparté, que l'auteur émet son opinion : "Il est besoin *à mon adviz*, de tenir une certaine façon de vivre ..." (*SA*, f. C 5 v°) ; "Il est fort difficile, voire *(diray-je)* impossible, que l'homme vain et trop curieux d'honneur, gouste jamais de la douceur de ceste tant desirable tranquillité d'esprit" (*SA*, f. E ij v°, nous soulignons). D'une manière générale, c'est par un *nous* représentatif de l'humanité que l'auteur fait entendre sa voix. Ou encore la voix individuelle se perd dans le chorus de voix concurrentes qui résonnent à travers les nombreux emprunts. Les discours contiennent des passages entiers tirés de Sénèque, Plutarque et Cicéron, plaqués les uns à la suite des autres sans souci de transition pour la simple raison qu'ils renvoient à la même rubrique. Ce style bigarré, aspect crucial de cette écriture, rappelle la méthode du fichier par laquelle étaient constitués les recueils dits de lieux communs ainsi que les méthodes de composition préconisées par Vives (*Epistola de initiis studiorum, Epistola de ratione studii, De disciplinis*) et Érasme (*De ratione studii, De pueris instituenda, Ratio colligendi, De copia*) entre autres[1]. On a ainsi une écriture plutôt impersonnelle où s'énonce une vérité dont l'auteur n'est que le porte-parole. Ajoutons à cela la haute fréquence d'affirmations générales, caractéristiques de la dissertation morale, la prédilection pour la définition et le style court, serré et impersonnel qu'est celui des *receptes* ["que nous cherchons pour calmer et appaiser nostre ame"] (*SA*, f. A iij). L'auteur conçoit ses réflexions de sorte à ce qu'elles puissent être fixées dans la mémoire et facilement rappelées, les condensant en de "petites regles [de conduite]" (*SA*, f. A iij) qui se rapprochent de la *sentence* telle que la définira Guillaume Colletet dans son *Art poetique* (1658) :

---

[1] Voir A. Moss, *Printed Commonplace-Books and the Structuring of Renaissance Thought*, Oxford, 1996, tout spéc. ch. 5 et F. Goyet, *Le sublime du "lieu commun"*, Paris, 1996, ch. 6.

> La sentence est un discours succinct, tiré de la vie de l'homme, qui enseigne ce qu'elle est, ou ce que l'homme doit prattiquer [...] estant comprise et resserree en certain nombre de parolles et de sillabes mesurees, on la grave et on la retient plus facilement dans sa memoire. (Réimpr. Slatkine, 1970, f. 57)

Tous ces éléments, l'imitation servile, le style prescrit par le genre choisi, suffiraient à expliquer l'effacement du moi. On pourrait soutenir aussi que c'est une caractéristique de l'écriture féminine, peut-être même, comme l'affirme Le Poulchre, un trait de la personnalité de l'auteur : "Cette de l'Aubespine qui par Modestie ne voulut mettre son nom aux *Saines affections* qu'ell'avoit composées" (*Le passe-temps*, 1597, f. 33). Cependant l'effacement du moi paraît être plus que cela. Manifeste au niveau de l'écriture par le refus d'extérioriser l'intériorité, par la tendance à maîtriser la subjectivité (peut-être à gommer la différence), l'effacement du moi constitue une étape essentielle dans la connaissance de soi et dans le but que l'auteur se propose, à savoir la recherche de la tranquillité. Plutôt que d'effacement, il faudrait peut-être parler de *renoncement*. On a vu en effet que selon l'auteur des *Saines affections*, l'homme a besoin de frein avant que d'aiguillon. Par conséquent, si le stoïcisme tient dans les *discours* une place considérable en tant que morale *préventive*, il s'avère être aussi une morale *négative*. Ici il s'agit de renoncer aux biens extérieurs, aux honneurs vains et fragiles, ici de s'affranchir de ses mauvais penchants, de purger son âme des vicieuses cupidités, ici de contenir la partie passionnelle de son être pour qu'il ne soit plus inquiété de rien. De même, la morale chrétienne sur laquelle l'auteur s'appuie, s'avère être elle aussi une morale de renoncement, de répression, une morale qui insiste sur la nécessité de dompter le corps, de réduire la nature originellement corrompue, de faire taire en soi tout désir autre que le désir de Dieu, de mortifier l'orgueil humain, bref de renoncer à ce moi égoïste pour s'abandonner à la volonté de Dieu. L'effacement du moi dans les discours s'avère donc plus qu'une stratégie rhétorique dictée par une pudeur toute féminine ou l'exigence d'objectivité et de rigueur corrélée au discours. En effet, pour l'auteur des *Saines affections*, la connaissance de soi si essentielle à la recherche de la vertu et à la connaissance de Dieu revient en définitive à la mise au silence du moi. Par l'intermédiaire de l'Autre, le *je* se retrouve et se perd, se dit et se tait à la fois, cherchant à se connaître pour pouvoir s'oublier dans sa tentative de se rapprocher de Dieu.

III. ÉTABLISSEMENT DU TEXTE

Nous avons pris comme texte de base "la derniere edition augmentee" qui, si Madeleine de L'Aubespine en est l'auteur, aurait été publiée de son vivant, c'est-à-dire l'édition de 1595 à partir d'un exemplaire de la Bibliothèque Mazarine coté 27934 :

CABINET// DES SAINES// AFFECTIONS.// DERNIERE EDITION,// nentee de XII. Discours &// quelques Stances sur le// mesme sujet.// Par Madame de RIVERY.// A PARIS,// POUR ANTHOINE DU BRUEIL, demeurant//au marché neuf pres la Boucherie.// M.D.XCV.// AVEC PRIVILEGE.
203, [12, 1 bl.] p., sig. A-S 8/4; 12°

Autres éditions consultées :

DES// SAINES// affections.// ***// [fleuron]// A PARIS,// Chez ABEL L'ANGELIER, au// premier Pillier de la grand'// salle du Palais.// M.D. CLXXXIIII.// Avec Privilege.
Arsenal 8° S. 2702

DES// SAINES// affections.// M.D. XCI.
Bibliothèque Sainte-Geneviève R 8° 702 Rés. Inv. 2759

DES// SAINES// affections.// *** // [fleuron]// A PARIS,// Chez Abel L'Angelier,// au premier Pillier de la// gran' salle du Palais.// M.D. LXXXXIII.// AVEC PRIVILEGE.
Reliure en parchemin avec un ex-libris sur la page de garde : "Delermier de saumur" et en dessous "Delenier xainctongeois" et la date 1592[1].
Bibliothèque Mazarine 27933

Des *Saines affections* (1595) ne sont reproduits ici que les dix-huit premiers discours. Les douze discours attribués à Marie Le Gendre ainsi que les pièces poétiques sont publiés dans un volume à part.

Par souci de fidélité au texte d'origine, nous avons apporté peu de modifications. La graphie et la ponctuation sont celles de l'original. Nous avons gardé les deux points si caractéristiques des textes de cette époque pour signaler un arrêt partiel[2]. Nous avons conservé aussi les lettres majuscules. Les seules modifications introduites dans le texte sont l'accent aigu aux terminaisons en *é*, *ée*, et *ées*, la différenciation de *f* et *s*, *i* et *j*, *u* et *v*, la résolution des *&* et la correction des coquilles évidentes. Nous signalons en note la nature de nos interventions.

---

[1] Michel Simonin précise qu'il existe une seconde émission de cette édition sans mention de l'adresse à la Bibliothèque Sainte-Geneviève sous la cote D 8° SUP 306 pièce 4 Rés. (*Catalogue* n° 209).

[2] Voir E. Dolet, *La maniere de bien traduire*, Lyon, 1540, f. 22-27. Ce signe, appelé *comma* par les Grecs, *incisum* par les Latins, est interprété par Dolet comme une "incision de sentence, c'est assavoir pour sentence moyenne et suspendue".

CABINET DES SAINES AFFECTIONS.

DERNIERE EDITION,
nentee de XII. Discours & quelques Stances sur le mesme sujet.

Par Madame de RIVERY.

A PARIS,
P[...]r ANTHOINE du BRVEIL, demeurant au marché neuf pres la Boucherie.
M. D. XCV.
AVEC PRIVILEGE.

[f. A ij]

Vous me mandez que je vous envoye ces petis discours, que vous avez autrefois veu en mon cabinet. Vous avez tant d'authorité sur moy que je n'oserois seulement me excuser à vous, de ce que je pourrois justement refuser à tout autre. Ils n'estoient destinez qu'à mon usage : et pour ceste occasion je n'avois pas pris beaucoup de peine à les parer, estimant qu'ils ne sortiroient jamais dehors[1]. N'y pensez pas trouver les subtiles questions et profonds discours, qui se peuvent traitter sur ce subjet, ce n'a point esté mon dessein d'y entrer, tant pour avoir bien mesuré mes forces que pour voir et sçavoir

[f. A ij v°]

que les anciens nous en ont laissé un tresgrand nombre de volumes, la perfection desquels nous ne sçaurions à beaucoup pres imiter[2]. Comme ils ont tous d'une voix recogneu que nous desirons naturellement d'estre heureux, et que nous n'avons autre moyen de le devenir en ce monde, qu'en esperant noz affections, les ramenant à une saine et louable disposition, et mettant par ce moyen nostre esprit en repos : Ils ont jugé que là se devoient raporter toutes nos veilles, et là aboutir toutes nos meditations. Aussi est-ce le champ auquel ont travaillé tous les beaux esprits de l'antiquité, tant ceux qui n'ont esté esclairez, que de la

---

[1]Sur les stratégies liminaires, voir D. L. Baker, “Entering the Literary Stage”, in *The Subject of Desire*, Lafayette, 1996, p. 11-40 ; A. R. Larsen, “‘Un honneste passetems’”, *Esprit Créateur*, vol. XXX, n°4, Hiver 1990, p. 11-22 ; D. Losse, “Women Addressing Women”, in *French Women Writers*, éd. A. R. Larsen et C. H. Winn, Detroit, 1994, p. 23-37 ; K. Read, “Louise Labé in Search of Time Past”, *Critical Matrix*, 5, 1990, p. 63-86 ; F. Rigolot, “La préface à la Renaissance”, *Cahiers de l'Association des Etudes Françaises*, 42, 1990, p. 121-136.

[2] Comparer à Ronsard, *Hymne de la Mort*, in *OC*, t. II, p. 601 :
Masures, desormais on ne peut inventer
Nul argument nouveau qui soit bon à chanter,
Ou haut sur la trompette, ou bas dessus la lyre :
Aux Anciens la Muse a tout permis de dire,
Tellement qu'il nous reste à nous autres derniers
Sinon le desespoir d'ensuivre les premiers,
Et béant apres eux recognoistre leur trace
Faite au chemin frayé qui conduit sur Parnasse :

[f. A iij]

sombre lumiere de nature, que ceux ausquels le Soleil de verité s'est monstré tout pur et entier au travers de la foy. De tant de belles fleurs, de tant de savoureux fruits que nous ont produit leurs labeurs, j'en ay cueilly en passant ce peu que mon loisir m'a permis: dont encore j'ay esprint[1] le suc[2], et l'ay mis icy comme en reserve, estimant que moins il auroit de corps, plus il auroit d'aisance et de vertu : pource que je me suis de longue main persuadée, que les receptes que nous cherchons pour calmer et appaiser nostre ame, se doivent recueillir en moins de mots qu'il est possible, et racourcir en petites regles que nous puissions tousjours

[f. A iij v°]

avoir en main. D'autant que l'inquietude, qui ferme le pas à nostre felicité, et que nous avons à combattre continuellement nous surprend le plus souvent, saisist à l'impourveu, et serre de si pres, que si nous n'avons tousjours sur nous des armes courtes et aisées à manier, nous ne nous en sçaurions defendre. Je ne doute point que vostre âge et grande experience ne vous en ait fait forger de plus fin metail et meilleure trempe, que les miennes: mais puis que vous me les demandez je vous les envoye. Si elles vous plaisent, ce sera selon mon voeu, si elles vous enuyent ce sera selon vostre commandement.

---

[1] De *espreindre* = presser.

[2] Image implicite de l'abeille, lieu commun dès l'antiquité. Cf. Pindare, *Pythiques*, X, épode 3 ; Platon, *Ion*, 534b ; Horace, *Odes*, IV, ii, v. 27 ; Sénèque, *Épîtres* à Lucilius, LXXXIV ; Ronsard, *L'Hylas*, vv. 413-422 ; *La Franciade*, "Au lecteur apprentif", etc.

CABINET DES SAINES AFFECTIONS

Comme il se faut preparer contre les Passions

DISCOURS I

[f. A iiij]

Puis que nostre heur depend de nos actions, et que nostre ame en est comme la fontaine et le principe: le plus grand soing que nous devons avoir, si nous desirons vivre heureux, c'est de la rendre calme et tranquille,

[f. A iiij v°]

et empescher qu'elle ne soit troublée par les opinions communes et vulgaires, comme par choses contraires à son naturel. Il y a deux temps principalement, l'un de prosperité, l'autre d'adversité, ausquels elle a accoustumé d'estre fort agitée par les passions, comme par vents violens et impetueux. Il faut doncques de bonne heure (comme les mariniers avant que sortir du port se fournissent de tout ce qui leur peut estre necessaire pour resister à la tourmente) se pourvoir aussi de discours, qui nous ancrent et affermissent l'esprit contre l'effort des passions, lors qu'elles nous voudront aborder. Car tout ainsi que Xenophon exhortoit ses concitoyens de sacrifier aux Dieux[1], pendant qu'ils estoient

[f. A 5]

en prosperité : afin qu'ils leur fussent ja conciliez et rendus favorables, quand ils les invoqueroyent en leur adversité. Aussi nous faut-il à nostre premier loisir, rechercher la cognoissance et

---

[1]*Cyropaedia*, I, vi, 3 ; Plutarque, *Moralia*, 465b ; Diogène Laërce, *Vies*, trad. R. D. Hicks, Londres, 1970, t. I, p. 129.

familiarité de la raison : afin que quand nous en aurons affaire, elle accourre à nostre premier cry, comme nous cognoissant à la voix, et ayant desja de l'affection à nostre defence. Le discours est le maistre des passions. Quand une fois nous les avons bien recogneuës et examinées, et que nous avons bien jugé, quelle puissance elles ont sur nous, et quelle puissance nous avons sur elles, elles ne sont pas à beaucoup pres si fieres en nostre endroit, et s'appaisent bien plus aisément: ne plus ne moins que les chiens qui jap-

[f. A 5 v°]

pent sans cesse apres ceux qu'ils n'ont pas accoustumé de voir, et s'appaisent incontinent à la voix de ceux qu'ils voyent ordinairement[1]. L'on a accomparé le commandement de l'ame sur ceste partie brutale et terrestre, de laquelle sourdent nos passions, à l'office d'un Escuyer qui dresse et gouverne un cheval : pour ce que se tenant tousjours dans la selle il le tourne et manie à sa volonté. Mais peu d'honneur recevroit le Cavalier qui ameneroit au tournoir un cheval neuf, et qui n'eust jamais porté le mors, et gallopé dedans les ronds[2] : il le faut dompter et apprendre auparavant que de s'en servir en affaire d'importance. Aussi faut-il devant que de nous commettre aux affaires, et nous mettre sur la

[f. A 6]

monstre du monde, que nous domptions ceste partie de nostre ame farouche, et luy facions ronger son frein : luy apprenant les loix et les mesures, avec lesquelles elle se doibt manier en toutes les occasions, où elle se peut trouver : et luy proposant comme un applaudissement, le plaisir et contentement qu'il y a, à l'issuë des belles et constantes actions[3]. La meditation est celle qui donne la

---

[1] Souvenir de Plutarque, *Moralia*, 465b-c.

[2] Platon, *Phèdre*, 253c ; Aristote, *Éthique à Nicomaque*, 1128b 33 ; Plutarque, *Moralia*, 445c.

[3] Cf. Sénèque, *Épîtres à Lucilius*, IV.

trempe à l'ame, et la rend dure et impenetrable à tout ce qui la veut entamer. A ce à quoy nous nous sommes de longue main preparez, nous nous trouvons admirables, quelque difficulté qu'il y ait : au contraire il n'y a chose si aisée qui ne nous empesche, si nous y sommes nouveaux. Combien pensez vous

[f. A 6 v°]

que Canius eust songé à la mort, et combien de fois il eust discouru, que c'estoit : qui estant condamné par le tyran et envoïé au supplice, fut si peu esmeu, qu'il dict au Centenier qui le venoit querir, qu'il se souvint qu'il estoit plus fort d'une table, que celuy contre lequel il jouyt[1] lors. Et prenant congé de ses amis ne leur dict autre adieu, sinon, 0 mes amis, je sçauray tantost ce que j'ay tant desiré sçavoir, si l'ame est immortelle, et si l'on sent à la mort la separation qui se fait de l'ame et du corps[2]. Il faut bien croire que ce pauvre payen s'estoit longuement exercé à commander à ses passions, et s'estoit muny de belles resolutions : puis qu'avec telle constance et gravité il alloit à une mort injuste et

[f. A 7]

violente. Si le desir de sçavoir quelle seroit l'ame apres la mort, a rendu le tourment doux à celuy là: que doibt faire la certaine cognoissance que nous avons de l'immortalité de l'ame, et l'esperance d'une vie eternelle, et eternellement heureuse, à ceux qui la repasseront ordinairement en leur pensée? Ne nous peuvent ils pas rendre et la mort, et toutes afflictions que nous endurons aggreables, veu que ce sont comme les ondes qui nous jettent à ce doux port[3] ?

---

[1] 1591 : jouoit.

[2] Contraster avec Sénèque, *De la tranquillité de l'âme,* XIV, 6-10. Pour d'autres rapprochements, voir D. Babut, *Plutarque et le stoïcisme*, p. 186-188.

[3] Imagerie baroque au goût du jour. Cf. Sponde, *Sonnets sur le mesme subject*, III, IX ; Chassignet, *Le mespris de la vie et consolation contre la Mort*, LIII, LIX, CCLXV, etc.

Du choix des affaires

DISCOURS II

[f. A 7 v°]

L'homme n'est pas né pour vivre les bras croisez[1], mais au contraire comme un des plus beaux membres de l'univers il doibt contribuer sa peine à la conduite et conservation de la societé civile, en laquelle il se trouve posé. Mais pour ce que du choix que les hommes font de leur vacation, depend principalement leur repos : et qu'il n'y a rien qui leur ayde tant à vivre contens, que quand ils s'y trouvent propres[2]. Ils se doyvent premierement examiner eux mesmes, et songer pourquoy ils s'y mettent, et mesmes avec quelles personnes[3]. Pour autant que nous presumons ordinairement de nous mesmes, et attentons plus que nous n'avons de puissance[4].

[f. A 8]

Et ceste erreur nous est commune presque en toutes nos actions : si que les uns dependent plus que leurs moyens ne peuvent porter, les autres travaillent par dessus leurs forces, autres y a qui ne sont pas maistres de leur courroux[5], autres qui en bouffonnant ne pardonnent à personne, encore qu'il y aille de leur vie : autres qui

---

[1] Cf. Cicéron, *Des vrais biens et des vrais maux*, V, xxi. Sur la nécessité de donner à l'âme un but établi, voir Montaigne, *Essais*, I, viii ; Habert, *Le chemin de bien vivre*, Paris, 1587, I, f. 53, O, 6, etc.

[2] Cf. Cicéron, *Des vrais biens et des vrais maux*, III, xix ; *Traité des devoirs*, I, xxxi (110-114) ; Épictète, *Manuel*, XXIX, 5.

[3] Cf. Épictète, *Manuel*, XXVII, XLVII.

[4] Plutarque, *Moralia*, 471d 12.

[5] Cf. Plutarque, *De Cohibenda ira (Moralia*, 452f-464d) ; Sénèque, *De ira*. Question débattue par les poètes orateurs du Palais, Pibrac, Jamyn et deux auteurs anonymes. Cf. E. Frémy, *L'Académie des derniers Valois*, Paris, 1887, p. 274-305.

sont mal propres à manier affaires publiques, pour estre trop mornes et remis: autres, ausquels il ne sied pas bien d'estre à la Court, par ce qu'ils sont opiniastres et discourtois[1]. Ce qui nous faict faillir en cela, c'est que nous ne cognoissons pas nous mesmes, et bien souvent sans faire preuve aucunne de nostre suffisance, nous entreprenons des choses qu'il nous fault puis apres

[f. A 8 v°]

quitter honteusement, ou supporter beaucoup de peine et d'anxieté à les continuer. Or qui voudra bien peser un affaire devant que s'en charger, se souvienne que tousjours celuy qui leve un fardeau, doit avoir plus de force que le fardeau mesme. Car s'il estoit trop gros et pesant, sans doute celuy qui le voudroit porter, seroit contraint de le laisser, ou succomber dessous[2]. Nous devons aussi avoir esgard qu'il y a plusieurs sortes d'affaires : aucunes ne sont pas si grandes de soy, comme elles sont meslées et pleines d'embarrassemens et suittes d'autres affaires : et telles charges sont à fuir, d'autant qu'elles travaillent l'esprit[3]. Mais nous devons faire election de celles que nous pouvons executer et mettre

[f. B]

à fin, ou du moins esperer que nous en viendrons à bout[4]. Et tousjours fault-il laisser les entreprises, quand elles ne prennent pas tel trait que vous vous estiez proposé. Cela ne dy-je pas pour vous intimider, ny abbaisser tellement le coeur, que vous fuyez les charges necessaires : et que n'osant vous entremettre de rien, vous

---

[1] Emprunt à Sénèque, *De la tranquillité de l'âme*, VI, 2-3. Voir aussi Marc-Aurèle, *Pensées*, IV, 24 ; Démocrite, *Fragments*, III.

[2] Cf. Sénèque, *De la tranquillité de l'âme*, VI, 5 ; Épictète, *Manuel*, XXXVII. Notions reprises entre autres par Le Caron, *De la tranquillité d'esprit*, Paris, 1588, f. 122 : "C'est un bel ordre quand chacun s'estime & esprouve soy-mesme, & cognoissant ses forces outre icelles n'entreprend, ains s'adonne à la function, charge & vacation à laquelle il est destiné, sans se transporter par l'amour de soy-mesme, qui est une fascheuse maladie, laquelle tourmente miserablement l'esprit, qui en est agité".

[3] Cf. Sénèque, *De la tranquillité de l'âme*, VI, 6.

[4] Cf. Épictète, *Entretiens*, II, vi, 3.

demeuriez sans occupation, qui seroit une vie paresseuse et mal plaisante. Veu que le propre de l'homme est d'entendre à quelque chose, comme l'on dit, et d'autant plus à ce qui est utile ou necessaire pour le public[1]. Puis donc que ainsi est que la vie humaine est naturellement sujette à peines et ennuis, il s'y fault conduire en telle façon, que si vous estes invité aux choses ver-

[f. B v°]

tueuses et loüables, vous ne les laissiez par faute de coeur, et ne soyez aussi si fol et temeraire d'entre-prendre ce qui surpasse vos forces[2].

---

[1] Sur cette notion de se rendre utile et sur les moyens de le faire, voir Sénèque, *De la tranquillité de l'âme*, VI, 2-8.

[2] Cf. Sénèque, *De la tranquillité de l'âme*, VI, 5 ; Épictète, *Manuel*, XXXVII, etc. Notion reprise par Le Caron, *De la tranquillité d'esprit*, f. 135 : "A celuy qui delibere entreprendre quelques affaires, je propose le precepte de Seneque, qu'il se regarde premierement & considere ses forces, à sçavoir s'il est capable de telle entreprise, & s'il la pourra bien executer ... qui trop embrasse, mal estraint ..."

De la Prevoyance

DISCOURS III

Il fault donner ordre à ce que des accidens humains rien ne vous puisse surprendre, s'il est possible que vous n'y ayez pourveu au paravant avec prudence. Ce que vous ferez aisément, si en toutes affaires que vous entreprendrez, vous premeditez les inconveniens et mau-

[f. B ij]

vaises rencontres, qui vous y peuvent advenir selon la nature des choses, et ce qui s'y fait ordinairement: et telles prevoyances adoucissent merveilleusement les efforts du mal, lesquels ne vous pourront en ce faisant apporter alteration ny changement : d'autant qu'ils seront advenuz à un homme qui s'y attendoit[1]. Au contraire ils endommagent fort ceux qui se laissent surprendre, et ne vont considerant que nature les a tirez en un lieu scabreux, quand elle les a mis au monde. Ils ne prennent pas garde, combien de fois autour de leur maison ils ont veu les femmes pleurer leurs maris, et les maris enterrer leurs femmes et leurs enfans. Ils ne considerent pas que tels parloient hier et conferoient avec eux, qui

[f. B ij v°]

aujourdhuy sont morts. Nous sommes si deceuz et avons si peu de jugement, que ce que nous voyons arriver aux autres, nous ne pensons jamais qu'il puisse aussi arriver jusques à nous. Si nous prenions cognoissance des choses, ainsi que la raison le veult, nous aurions plustost occasion de nous estonner, comment les dangers

---

[1] Comparer à Béroalde de Verville, *Dialogue de la Vertu*, Paris, 1584, f. 15 v°.

et accidens qui nous suyvent de si pres, ont tant mis à nous attraper: et quand ils nous ont atteints, comment il est possible qu'ils nous ayent traitté si doucement. 0 comment nous nous trompons nous mesmes, quand nous ne voulons pas estre prevoyans et defians, de peur qu'on ne nous tienne pour craintifs? Il fault que celuy qui fait voyle, sçache qu'il pourra avoir tempe-

[f. B iij]

ste. Il faut sçavoir que ce qui est arrivé à un autre, nous peut advenir: et que ce qui panche sur tous, peut tomber sur un chacun. Celuy qui observe l'adversité d'autruy, comme chose qui luy peut advenir, avant qu'elle soit à luy il est armé. C'est se preparer trop tard pour faire teste au danger, quand on attend qu'il soit venu. Je ne pensois pas que cela me deust advenir : Et pourquoy non ? Qu'elles richesses y a-il qui ne soyent tallonnées de la pauvreté ? Quel honneur, qui ne soit suivy du deshonneur ? Quel monter-haut, qui n'ait sa cheute toute preste ? Il n'y a estat qui ne se change, et ce qui est arrivé à celuy-là peut advenir à cestuy-cy. Ce seroit chose longue et contraire à nostre dessein, si nous

[f. B iij v°]

voulions raconter ceux que la fortune de grans a rendu bas et miserables[1]. En une telle mutation et varieté des choses, si vous ne pensez que tous accidens vous peuvent toucher, vous donnez beaucoup de puissance aux adversitez contre vous : lesquelles s'adoucissent et diminüent grandement par la prudence de celuy qui les previent[2]. Nostre esprit certainement seroit bien en plus grand repos, si noz actions estoyent dressées vers des choses, dont l'estat fut asseuré. Car au moins les ayant une fois acquises, nous nous contenterions, et en jouyrions en paix et tranquillité. Mais puis que tout branle en ce monde, et qu'il n'y a rien ferme et stable: le remede à nostre infirmité c'est de prevoir cela, et ne nous passionner apres

---

[1] Adaptation de Sénèque, *De la tranquillité de l'âme*, XI, 8-9.

[2] Passage repris de Sénèque, *De la tranquillité de l'âme*, XI, 12.

[f. B 4]
des choses, dont la possession est aussi fascheuse que l'acquisition. Et pourtant il les faut aymer, comme choses qui nous peuvent laisser, et estre si prevoyans que jamais elles ne nous abandonnent les premieres. Comme on dict une fois à Anaxagoras que son fils estoit decedé. Je sçavois desja bien (respondit-il) qu'il estoit homme, et qu'il devoit mourir[1]. Il nous faut ainsi estre preparez à tout. Mon amy ne m'a pas assisté : Je cognoy qu'il estoit homme, et qu'il se pouvoit changer. Ma femme estoit bonne : Elle estoit femme neantmoins. Celuy qui va ainsi au devant des choses, ne sera jamais prins à l'impourveu, et ne dira point comme disent coustumierement les mal-advisez. Je n'y

[f. B 4 v°]
pensois pas : ausquels les evenements de fortune donnent beaucoup d'affliction, par-ce qu'ils les trouvent desarmez de ceste sage providence[2]. L'homme prudent en temps de paix fait ses preparatifs pour la guerre. Ulysses passa beaucoup de dangers et travaux, et neantmoins pas une ne l'affligea, sinon un seul, qui le prit à despourveu, qui fut la mort d'un chien qu'il aymoit[3]. De sorte qu'il est vray ce qu'on dit communément, Qu'un homme surprins est à demy battu.

---

[1] Plutarque, *Moralia*, 474e ; Cicéron, *Tusculanes*, III, xiv, 30 ; Épictète, *Manuel*, III, etc.

[2] Plutarque, *Moralia*, 474e.

[3] Homère, *Odyssée*, XVIII, 302-304 ; Plutarque, *Moralia*, 475.

De la vacation d'un chacun

DISCOURS IIII

[f. C]

Il advient souvent que les hommes sans penser à ce qu'ils font, tombent en certaine façon de vie penible à supporter, et encore plus malaisée à laisser[1]. Qui est certes une difficulté grande, et ou il faut avoir beaucoup de prudence, et non moins de patience, et implorer l'ayde de Dieu : estant à considerer que la patience[2] en tel cas, et l'humilité envers Dieu, est le remede qui plus allege le mal. Voy-

[f. C v°]

ez les prisonniers au commencement combien ils ont de peine à porter le faix qu'on leur met aux jambes : et depuis qu'ils y sont accoustumez, la necessité les instruit, et l'usage leur facilite tout[3]. Il n'y a maniere de vivre si estroite, qu'il n'ait quelque soulas et rafraichissement. Et certes il ne se voit chose, en quoy nature nous ait tant favorisé, qu'en ce qu'elle nous faict trouver le remede et adoucissement de nos maulx en la tolerance d'iceux : estant ainsi que l'homme est né pour estre subject à toutes sortes de miseres. Il faut donc supposer que nous sommes tous prisonniers de fortune, laquelle nous tient liez et garottez : et n'y a diference, sinon que la chaine des uns est faite d'or, et des autres elle est de fer. Nous som-

---

[1] Sur le choix d'un genre de vie, voir Cicéron, *Traités des devoirs*, I, xxxii, 115.

[2] Tout en réunissant en elle les vertus stoïques de fermeté et de constance (voir Sénèque, *Épîtres à Lucilius*, LXVII, CVII, etc.), la patience prend souvent ici un sens chrétien. Cf. *SA*, XII et XIIII.

[3] Sur cette notion d'accoutumance, voir Sénèque, *De la tranquillité de l'âme*, X, 2.

[f. C ij]

mes tous en une mesme prison : et ceux qui detiennent les autres captifs, le sont semblablement eux mesmes. Si l'honneur te travaille, la richesse en tourmente d'autres : si la bassesse et obscurité de race t'afflige, à d'autres la noblesse et grandeur donne mille ennuys : si tu es subject au commandement et volonté d'autruy, cest autre là est subjet à la sienne, portant sur sa teste dix mille mescontentemens et inquietudes que tu ne vois pas. En somme si vous y prenez garde, toute la vie n'est autre chose qu'une servitude, où chacun doit adviser à se dresser en sa vacation, et tascher à s'y contenter, dissimulant ce qu'il y a de mal, et s'accommodant du bien. Car il n'y a vacation tant penible soit elle, où l'ame patiente ne trouve

[f. C ij v°]

quelque repos et commodité[1] : combien que l'artifice est plus necessaire és choses adverses qu'en prosperité. L'industrie fait une maison en peu de temps. Et lors que les traverses et difficultez se presentent, il se faut esvertuer et user de diligence, en se confiant en Dieu[2]. Jonas eust bien loisir dedans le ventre de la baleine de faire sa priere à Dieu, laquelle fut exaucée[3]. En ceste sorte les choses, pour dures et pesantes qu'elles soyent, se peuvent adoucir et alleger. Limitez tousjours vos esperances, des bornes de la vie: et jugez que les choses, ores qu'en la sur-face et apparence elles soient differentes, neantmoins au dedans elles se trouvent fort semblables en leur vanité. Ne portez point d'envie à ceux qui sont plus haut esle-

---

[1] Passage pris à Sénèque, *De la tranquillité de l'âme*, X, 3-4.

[2] Sénèque préconise ici l'usage de la raison.

[3] Jon. 1 : 11-17 ; 2 : 1-10 ; 3 : 1-5.

[f. C iij]

vez que vous. Car bien souvent ce que nous pensons hautesse, est un precipice[1]. Et à la vérité ceux qui ont vescu contens, n'ont pas tousjours esté ceux qui avoient fait la meilleure election : mais ceux qui prudemment ont sçeu se conduire en l'estat qu'ils avoyent une fois choisi : prenans en patience le mal qui s'y presentoit, et r'accommodant ce qui leur y estoit contraire. Et pour cela Platon comparoit la vie humaine au jeu des dez, auquel celuy qui joüe doibt tousjours tascher à faire un beaucoup, et neantmoins se contenter de ce qui vient[2] : puisque le bien ou le mal n'est en nostre puissance, et que nous pouvons neantmoins prendre le hazard en patience, et loüer Dieu de ce qu'il n'est pas venu le pire qu'il pou-

[f. C iij v°]

voit. Les hommes de peu d'entendement ayans la fortune à gré, sont si transportez de joye, qu'ils ne sçavent pas ce qu'ils font, et personne ne peut durer avec eux : et en affliction ils sont si estonnez et si tristes, qu'ils demeurent tout abbatus. Vous les voyez comme les malades qui sont en angoisse, lesquels ne peuvent endurer froid ny chauld. Le Philosophe Theodore souloit dire qu'il donnoit les paroles à ses auditeurs de la main droicte, et qu'ils les recevoyent de la gauche. Ainsi font plusieurs bien souvent, empoignans avec la main gauche la fortune qui se donne à eux de la droicte. Il vaudroit bien mieux imiter sagement les abeilles, lesquelles du thym, qui est une herbe aspre et seiche, font le miel gracieux et doux.

[f. C iiij]

Nous devons ainsi tirer de la vie rude et facheuse ce qu'il y a de bon, et chasser le mal, ou du moins le cacher : mesme ceux qui sont exercez és actions de vertu, peuvent tirer en certaine façon

---

[1] Souvenir de Sénèque, *De la tranquillité de l'âme*, X, 5.

[2] *République*, 604c.

profit du mal[1]. Diogenes fut banny : il se servit de son bannissement, s'appliquant à l'estude de la Sapience[2]. Tout cela ne sera point si difficile, comme il semble, si par frequent exercice vous prenez habitude de vivre content. Ne pouvez vous demeurer és maisons des Princes et Seigneurs ? Contentez vous de la vostre. Ne vous sentez vous pas capable de gouvernement ? Soyez bon citoyen. En ceste maniere vous rendrez aisé ce qu'on faict difficile en la vie. Encore vous servira-il beaucoup en vos mescontentemens, de vous re-

[f. C iiij v°]

presenter les grands et fameux personnages du temps passé : comment et avec quelle prudence ils ont remedié aux traverses et fascheries, qui leur sont survenuës en leur vie. Vous deplaist il de n'avoir point d'enfans ? Considerez combien de Roys n'en ont point eu, et sont morts sans heritiers. Si la pauvreté vous afflige,regardez combien il y a d'excellens hommes pauvres, qui neantmoins ont vescu patiemment et sans se pleindre. Un jour on vint dire au Philosophe Stilphon, que sa fille avoit commis adultere: La faute dit-il n'est pas mienne ains de la fortune. Si les mauvaises complexions des vostres vous faschent, mettez vous devant les yeux tant d'hommes honnorables et illustres, et autres, qui ont en-

[f. C 5]

duré doucement les importunitez des leurs[3]. Socrates eust la plus mauvaise femme du monde, et il disoit qu'endurant d'elle, il apprenoit en sa maison à avoir patience dehors[4]. Voyez David, qui fut tourmenté par ses enfans propres. Le monde est plein de tels

---

[1] Cf. Épictète, *Entretiens*, III, xx, 12-15. Pour le passage qui commence "Et pour cela Platon ...", voir Plutarque, *Moralia*, 467b-c.

[2] Plutarque, *Moralia*, 467d ; Diogène Laërce, *Vies*, VI, 21.

[3] Plutarque, *Moralia*, 468.

[4] Xanthippe, cette compagne à l'humeur insupportable qui inspira à Érasme "La femme qui se plaint du mariage". Cf. Plutarque, *Moralia*, 90e ; Xénophon, *Banquet*, 2, 10 ; Aulu-Gelle, *Nuits attiques*, I, xvii.

exemples. Et si nous ne nous aymions tant que nous faisons, il est certain qu'és plus grandes afflictions du monde, nous trouverions assez de consolation. Car il n'y a prison si estroicte et obscure, qui ne donne place à une chanson, pour desennuyer le prisonnier. Finablement je dy, que si vous craignez Dieu, et le servez, la seule charité mettra paix et tranquillité en vostre esprit: ce que le monde ne peut faire, encore que de parole chacun je vous offre.

Comme il faut reigler sa vie

DISCOURS V

[f. C 5 v°]

Il est besoin à mon adviz, de tenir une certaine façon de vivre, qui soit ferme et arrestée, sans aller variant à tous propos. Vous en verrez plusieurs qui ont ce vice de changer de jour à autre leur maniere de faire, ne se pouvans arrester à rien qui soit. Non plus que ceux qui n'ont pas accoustumé la mer, quand ils commencent à naviguer, vont de vaisseau en autre, laissans un grand pour se mettre en un petit, puis

[f. C 6]

au contraire, jusques à ce qu'ils cognoissent clairement que rien ne leur est propre : pour ce qu'en quelque lieu qu'ils aillent leur estomach les suit, et le vomissement par consequent. Aussi ceux qui apportent aux affaires leurs passions quant et eux, cherchent incessamment nouvelle sorte de vivre, et jamais n'achevent ce qu'ils ont commencé. Toutes choses leur font incontinent mal au coeur, tout les mescontente : les affaires, le loisir, le servir, le commander, estre mariez, avoir enfans, n'en avoir point : finablement rien ne leur satisfait[1], que ce qu'ils n'ont pas: et telles gens vivent miserablement et sans repos, comme personnes contraintes et garrottées demeurans en perpetuelle peine[2]. Il y a une autre sorte d'hom-

[1] 1584 (ou 1594) : rien ne les accommode.

[2] Adaptation de Plutarque, *Moralia*, 466c.

[f. C 6 v°]

mes quasi semblables à ceux là : ils ne se peuvent tenir coy, ils n'arrestent en lieu ny en place, ils ne cessent d'aller et venir, et s'entremettent d'affaires sans y estre appellez : ils font des empeschez à merveilles, et si n'ont que faire. Quand ils sortent de leur maison, si vous leur demandez où ils vont, ils vous respondront: Je ne sçay, je vay faire comme les autres. Ils courent parmy les ruës et les places, puis en reviennent tous lassez et ennuyez sans aucun dessein. Car il n'y a rien qui tant attedie les personnes, que travailler en vain. C'est comme font les formis, qui grimpent en grand'haste à mont les arbres, puis quand ils sont en hault, ils n'ont que la peine de redescendre, sans apporter aucun profit. Plusieurs vivent

[f. C 7]

en ceste sorte, desquels la vie n'est autre chose, qu'un loisir bouillant et tumultueux[1]. Ils vont avec telle impetuosité, qu'ils emportent tout ce qu'ils rencontrent devant eux. Les places, les Eglises, les marchez, sont ordinairement pleins de telles gens[2]. Ce sont ceux qui forgent les nouvelles, et donnent les bayes, parlans de la vie d'autruy, et discourans des charges et offices des autres avec un vain babil. Les actions d'un sage homme tendent tousjours à certaine fin[3]: il ne se charge jamais de plus d'affaires, qu'il n'en peut executer[4]. Et à la verité celuy qui entreprend beaucoup, donne à la fortune beaucoup de puissance sur luy[5].

---

[1] Passage tiré de Sénèque, *De la tranquillité de l'âme*, XII, 2 & 3.

[2] Cf. Sénèque, *De la tranquillité de l'âme*, XII, 4.

[3] Cf. Sénèque, *De la tranquillité de l'âme*, XII, 5 ; Épictète, *Entretiens*, III, xxiii, 1-8.

[4] Cf. Sénèque qui cite ici Démocrite, *De la tranquillité de l'âme*, XIII, 1.

[5] Cf. Sénèque, *De la tranquillité de l'âme*, XIII, 2.

De la diversité des Actions

DISCOURS VI

[f. C 7 v°]

L'on doit, ce me semble, prendre soing de se rendre habile à comporter le temps, et les choses comme elles adviennent : et ne s'obliger tant à une façon de vivre, qu'au besoin l'on ne s'en puisse departir[1]. Car tout ainsi qu'un homme sain ne se doit assubjetir de garder une reigle en ses repas, ains s'accoustumer à manger tantost plus, tantost moins, et à boire une fois du vin, une autre fois de l'eau, demeurer au soleil et à l'ombre, au

[f. C 8]

travail et au repos : aussi faut il s'accommoder à tout. Car en ce faisant, quelque nouvel accident qui vous puisse advenir (comme il en arrive une infinité) il ne vous sçauroit troubler ny inquieter : mesme quand il faudroit du tout prendre une autre forme de vivre (comme nous avons desja dit) nous le sçaurons bien faire : moyennant toutesfois que ce ne soit à la legere : estans tellement exercez qu'il nous soit aisé de ceder au temps, qui se presente. Et certes c'est une mesme impuissance de ne sçavoir changer, et ne pouvoir demeurer ferme[2]. Il faut mesler et temperer les choses en sorte, que les unes s'accommodent avec les autres : une fois demeurer seul retiré, une autre fois en compaignie : celle-cy pour l'amour de nos a-

---

[1] Comparer à Sénèque, *De la tranquillité de l'âme*, VI, 6.

[2] Cf. Sénèque, *De la tranquillité de l'âme*, XIV, 1.

[f. C 8 v°]

mis, et celle-la pour l'amour de nous mesmes[1]. N'estant pas question d'estre tousjours sur la gravité, car cela feroit qu'on nous auroit en horreur : ny de se monstrer perpetuellement joyeux et facile, car cela nous rendroit contemptibles. Mais il s'en faut accommoder sagement, et en temps et lieu, selon que la vie humaine le requiert: estant besoin par fois de prendre recreation, à fin de se remettre. Nous lisons de Socrates homme tres-grave, qu'il ne faisoit aucune difficulté de s'esbatre avec les petits enfans: et de Marc Caton personnage fort austere, que quelquefois il festoyoit joysement ses amis, pour se donner plaisir, et recreer son esprit lassé des affaires publiques : et de Scipion l'Affricain, que mesmes il a quel-

[f. D]

quefois dansé[2]. Nous avons dit cecy, pour monstrer que l'esprit veut avoir quelque relasche. Un homme n'est pas libre, qui n'a moyen d'estre quelquefois de loisir. Les terres fertiles, si jamais on ne les laisse reposer, deviennent steriles en peu de temps. Le travail continuel rend l'esprit lasche et debile : ne plus ne moins que le rien faire du tout, et se donner trop de bon temps, l'enerve et l'appesantit[3]. La recreation doit estre comme le sommeil, qui nous renforce, et nous donne halene, pour retourner plus gayement à l'oeuvre. Que si nous dormions tousjours, ce seroit une mort, et non pas un sommeil[4]. Ceux qui anciennement ont estably les loix, ont ordonné qu'il y eust certains jours de festes en l'an, à fin que les hom-

---

[1] Correction de mesme. Adaptation de Sénèque, *De la tranquillité de l'âme*, XVII, 3.

[2] Cf. Sénèque, *De la tranquillité de l'âme*, XVII, 4. Sur Caton, voir Plutarque, *Vie de Caton le Censeur*, LII.

[3] Cf. Sénèque, *De la tranquillité de l'âme*, XVII, 5.

[4] Autre passage tiré de Sénèque, *De la tranquillité de l'âme*, XVII, 6.

[f. D v°]

mes fussent comme contraincts de chommer et prendre leur esbat, apres avoir besongné. En l'antiquité mesme beaucoup de grands personnages destinoient certain temps pour leur recreation. Asinius Pollio grand orateur, jamais ne s'occupa tant aux affaires, qu'il ne print les deux dernieres heures du jour pour se resjouyr, pendant lesquelles il ne lisoit pas mesme les lettres qu'il recevoit de ses amis: de peur qu'elles ne luy apportassent quelque nouveau soin et pensement. Il y en a d'autres qui travailloient jusques à midy, et le surplus du jour ils l'employoyent à choses moyennes. Les chandelles que l'on distribue aux serviteurs de Court, leur limitent le temps de repos et de travail[1]. Il y avoit un decret au Senat de

[f. D ij]

Rome, qui portoit defense de n'y rien proposer de nouveau és deux dernieres heures de la journée. Au surplus quand un homme est ennuyé du travail, il se renforce et recree merveilleusement lors qu'il sort en lieu ouvert et spacieux, et semble que cela luy redonne ses esprits. Pour conclusion, vous devez aymer la diversité selon le temps et vous donner garde de ne nourir vostre esprit mollement et delicatement. Car estant ainsi, que de soy-mesme il a de grandes forces, pourveu qu'on l'esveille, et qu'on l'excite : il n'est pas raisonnable, que vous le laissiez affoiblir et attenuer. Or depuis que vous en venez là d'estre impatient et delicat, tout vous ennuye. Le manger vous vient à contre-coeur, la faim vous chagrigne,

[f. D ij v°]

le dormir vous fasche, le veiller vous tourmente : et comme une personne malade, vous allez tousjours cherchant chose nouvelle. Telle delicatesse a esté cause, que plusieurs ne pouvans seulement comporter les choses qui sont necessaires en la vie : comme se coucher, dormir, se lever, veiller, disner, soupper, se vestir et

---

[1] Autre emprunt à Sénèque, *De la tranquillité de l'âme*, XVII, 7.

despouiller, et autres, qu'il nous faut faire journellement, ont mieux aymé se laisser mourir, ennuyez de recommencer tant de fois les mesmes choses. Ceux là viennent à telles extremitez, qui ne sçavent gouverner ne maintenir leur esprit viril et courageux, et faire qu'il sçache de tout, qu'il gouste de tout, et que tout luy face bon estomac. Car en ce cas il y a mesme raison de l'esprit que du corps.

[f. D iij]

Et de là vient que vous verrez des hommes si tendres, qu'un petit bruit de leur voisin les importune, la moindre clochette les fasche. Pour ce que ne plus ne moins qu'à un corps, aussi à un esprit flaque et langoureux, il advient que tout ce qui le touche le picque.

Du choix des amys[1]

DISCOURS VII

Comme ainsi soit que la vie humaine ait necessairement besoin d'amis, et de compaignie[2] (car ce[3] seroit chose trop dure et austere, que les hommes eussent tousjours l'esprit bandé aux affaires, et seroit

[f. D iij v°]
encore plus fascheux de n'avoir personne, avec qui on puisse prendre quelque relasche) je trouve que nous sommes fort negligens à en faire le choix. Nous devons ce me semble, bien prendre garde de choisir des personnes de douce conversation, et qui meritent d'estre aymez et hantez. Il n'y a chose qui tant contente et recree l'esprit de l'homme, qu'une fidelle amitié. Car c'est un grand plaisir de trouver un estomach tellement disposé, que vous luy puissiez seurement commettre vos secrets : duquel le conseil vous advertisse, la gayeté vous oste les fascheries, et la presence allege vos peines[4]. Et partant il faut regarder à faire election d'amis, qui soyent exempts de convoitises et de vice. Car les vices com-

[1] Pour un autre traitement de ce thème, voir entre autres Habert, *Le chemin de bien vivre*, Paris, 1587, II, f. 79, Q, 3.

[2] Cf. Aristote, *Éthique à Nicomaque*, 1155a4 ; Sénèque, *Épîtres à Lucilius,* XCV ; Cicéron, *Des vrais biens et des vrais maux*, I, xiv ; Plutarque, *Moralia*, 93e, 479c, etc.

[3] Correction de se.

[4] Emprunt à Sénèque, *De la tranquillité de l'âme*, VII, 1.

[f. D 4]

me le feu, se prennent à ce qui en approche le plus pres. De maniere qu'il faut faire comme on a de coustume en temps de pestilence, qui est de separer les sains d'avec les malades[1] : estant une contagion et occasion de maladie de les mettre ensemble[2]. Neantmoins je ne desire pas que soyons par trop scrupuleux, ains voyans que ne pouvons avoir des hommes du tout parfaicts, il fault tenir pour bons les moins mauvais. Vous devez principalement eviter personnes tristes, qui pleurent de tout et desesperent de tout, je dy ores qu'ils vous aymassent, et qu'ils vous fussent fideles. Car c'est une chose qui nous travaille beaucoup, d'avoir un amy tousjours triste et souspirant à tous propos. Puis que l'amitié et compagnie

[f. D 4 v°]

est pour se desennuyer, il n'est pas convenable d'avoir une personne, qui au lieu de vous resjouyr et appaiser vos ennuis, vous donne des frayeurs et apprehensions vaines[3].

---

[1] Cf. *Extrait d'un règlement de peste, Dijon, mai 1597* (cité par F. Hildesheimer, *Fléaux et société*, Paris, 1993, p. 32) : "Aux personnes atteintes de ladite maladie, il est fait défense de se porter sur les grands chemins parmi les sains, ni de se mêler aux assemblées dans les rues et d'approcher les portes et avenues de ladite ville, sous peine d'être arquebusés".

[2] Sénèque, *De la tranquillité de l'âme*, VII, 1 & 2.

[3] Sénèque, *De la tranquillité de l'âme*, VII, 4.

De la Dissimulation

DISCOURS VIII

C'est une grande peine et inquietude d'esprit aux hommes, que de vouloir paroistre autres qu'ils ne sont : et un merveilleux tourment de prendre garde perpetuellement à eux-mesmes, pour la crainte qu'ils ont d'estre descouverts. Autant de fois qu'on les

[f. E]

regarde, autant de fois ils pensent estre espiez : et en fin il advient qu'ils se declarent en despit qu'ils en ayent. Le soin qu'ils ont de cacher leur humeur naturelle, leur est une geisne : et l'estre descouverts est une confusion[1]. Il n'est tel plaisir que de vivre au naturel[2]. Et encor qu'il y ait danger d'estre un peu moins estimé, advenant qu'on nous cognoisse: neantmoins il vault mieux estre un peu moins prisé, et vivre ouvertement, que d'avoir tant de peine à se bien desguiser : combien qu'en tous les deux il y doit avoir quelque mediocrité. Car il y a bien difference entre le vivre franchement, et le vivre, negligemment[3]. Pour l'entendre : Nature nous a douez de deux qualitez dont l'une est generale, qui est de nous avoir faits

---

[1] Comparer à Sénèque, *De la tranquillité de l'âme*, XII, 1. Pour un autre traitement de ce thème, voir Habert, *Le miroir de la vertu*, f. 11 v°, "D'estre veritable & fuyr mensonge".

[2] L'adage fondamental de l'ancien stoïcisme qui dit que le souverain bien consiste à vivre honnêtement, à vivre selon la nature. Cf. Cicéron, *Des vrais biens et des vrais maux*, IV, vi-xi ; V, xxiii. Voir aussi Sénèque, *De la tranquillité de l'âme*, XVII, 2.

[3] Sénèque, *De la tranquillité de l'âme*, XVII, 2.

[f. E v°]
raisonnables et capables de discours, enquoy nous surpassons les bestes, l'autre qualité, est particuliere à chacun de nous, comme de estre enclins à la gravité, gayeté, melancholie, ou autre complexion. En cela chacun doit suyvre son naturel, moyennant qu'il ne soit difforme ou vicieux. Comme si une personne estoit subite à rire beaucoup, il faudroit qu'elle s'efforçast de corriger son imperfection[1] : mais és qualitez qui ne sont reprehensibles, il est bon ne se point doubler ny contrefaire. Car il est fort difficile de faire tousjours le grave à qui ne l'est pas naturellement, changer son visage, enfler sa voix, composer ses yeux à la grandeur : lesquelles choses si vous oubliez par mesgarde, incontinent on vous descou-

[f. E ij]
vre. Il seroit beaucoup meilleur de suyvre sa gaye conversation et douce façon de faire. Toutesfois s'il vous arrivoit d'estre constitué en quelque dignité qui requist une severité grande : en ce cas il faudroit un peu contraindre vostre naturel. Mais cela se doit faire avec beaucoup de prudence et moderation, mesme peu à peu, et en sorte que ceste mutation n'offense personne. Ceste maniere là de dissimuler, ne peut estre blasmée: car elle n'apporte peine qu'à ceux qui la soustiennent, sortans de leur naturelle inclination. Mais il y en a, lesquels estans en effect legers et ridicules veulent qu'on les tienne pour graves et magnanimes : et d'autres lesquels (sans qu'il en soit besoin) cherchent à se contrefaire : et estans nez à toute dou-

[f. E ij v°]
ceur et humanité, se veulent monstrer rudes et cruels : ou estans veritablement couards, font les vaillans à merveilles, sans se vouloir cognoistre. Ce que toutesfois ils ne peuvent porter gueres loin, se trouvant tousjours veritable ce qu'on dit communément, que nulle chose violente n'est durable.

---

[1] Épictète, *Manuel*, XXXIII, 4.

De la Vanité

DISCOURS IX

Il est fort difficile, voire (diray-je) impossible, que l'homme vain et trop curieux d'honneur, gouste jamais de la douceur de ceste tant desirable tranquillité d'esprit, que les sages

[f. E iij]

cherchent par mer et par terre, à pied et à cheval[1]. Par ce qu'il ne peut avoir tout ce qu'il veut, ny l'estime qu'il demande. Et comme de soy il promet tousjours plus qu'il ne peut, et qu'il n'est aussi en habits, et en toutes autres choses il passe ordinairement sa mesure. De sorte qu'il est en la mesme peine, en laquelle sont tous ceux qui nagent contre l'eau, ou qui grimpent à mont un hault coustau : pour vouloir trop avancer, ils sont trop reculez. Au contraire, le moyen d'estre fort à son aise, c'est de faire moins de mine et de semblant qu'on n'a de pouvoir, et laisser à part toute pompe et vanité, tant és accoustrements qu'en la suite des serviteurs, et autres choses : et tenir tousjours pour mesure ce qui est necessaire,

[f. E iij v°]

et non ce qui n'a fondement qu'en la vaine opinion. Mesmes en nostre manger et vestement, il fault prendre garde n'y avoir jamais rien de trop remarquable[2]. C'est bien faict aussi de refrener nos

---

[1] L'impossibilité d'atteindre à la tranquillité est généralement attribuée à l'ambition. Cf. Sénèque, *De la brièveté de la vie*, II, 1 ; XVI, 5, etc. Pour un autre traitement du thème, voir Le Poulchre, *Le passe-temps*, 1595, f. 1sq. ; Lespine, *Excellens discours*, f. 70-143, *Le second livre du repos & contentement de l'Esprit*, "Contre l'ambition" ; Du Plessis-Mornay, *Excellent discours*, s.l., 1576, f. 38-39, etc.

[2] Amour de la simplicité, sobriété du goût, hautement loués chez Sénèque. Voir *De la tranquillité de l'âme*, Prologue, 5-7. Sur l'amour des richesses et la cupidité, racine de tous les maux, voir 1 Tm 6 : 6-10 ; s. Augustin, *La Cité*

esperances, et ne vouloir estendre nos desseins plus loin, que là où nous pensons pouvoir parvenir. Quant aux richesses, donnez ordre à les avoir de vous mesmes plustost que de la fortune[1]. En toutes façons c'est un grand poinct que d'estre moderé, tant en ses actions, qu'en ses pensées. Par ce que quand il viendra une tempeste de fortune, elle aura bien moins de moyen de nous renverser, si elle nous trouve les voiles cueillies, que si nous les avions toutes au vent. Finablement vous vous devez disposer en sorte, que

[f. E iiij]

ores qu'il vous advient faute de moyens, cela ne vous soit point à rebours. Si vous estes addonné aux livres, faictes qu'ils vous servent d'autre chose, que d'ornement à vos paroys, comme aucuns font, qui en tiennent seulement pour une vaine ostentation ne plus ne moins que les bestes, qui portent les viandes à doz et n'en mangent point. Le grand nombre de serviteurs donne beaucoup de peine ; lesquels se gastent d'estre trop aises. Pour conclusion, en quelque chose que ce soit si vous pensez vivre selon l'opinion d'autruy ; jamais vous ne serez content : si selon la raison, et que nature le requiert, jamais vous n'aurez faulte[2]. 0 que l'homme humble vit seurement et paysiblement, et qu'il n'a guere d'affaires

[f. E iiij v°]

à se fournir : Certes jusques aux bestes que nous norrissons, nous avons en horreur celles qui sont farouches, et ne se laissent penser à nostre volonté. Souvienne vous en somme, que les foudres et tonnerres tombent ordinairement sur les plus hauts lieux.

---

de Dieu, I, x.

[1] Sénèque, *De la tranquillité de l'âme*, IX, 1-2.

[2] Comparer à Dampmartin, *De la conoissance et merveilles du monde et de l'homme*, IV, f. 113-114.

De la Prosperité

DISCOURS X

Quand la fortune nous sourit, et que (comme on dit) tout nous arrive à souhait : c'est lors que nous devons plus penser à nous, et tenir nos affections en bride, et veiller à composer nos actions par raison. Car

[f. E 5]
l'affliction incite mesmes nos ennemis à pitié, et la prosperité esmeut nos amis à envie. Si nous voulions raconter icy tous ceux qui sont peris miserablement d'une soudaine et violente mort, pour n'avoir peu se moderer en leur prosperité[1], l'histoire en seroit trop longue, nostre intention estant d'user de briefveté, nous laisserons celà : pource qu'à peine se trouvera il personne, qui n'en ait cognoissance. Et pourtant quand nous avons la faveur du temps, nous devons eviter la presomption, dont elle est ordinairement suyvie : et en diminuer tant que nous pourrons, en abaissant ceste façon hautaine qui l'accompagne[2]. Bien est vray qu'il y en a qui tiennent tel rang et dignité, qu'ils ne se peuvent

[f. E 5 v°]
abbaisser sans choir. Il fault que ceux-là employent tellement leur prudence à temperer leur gravité, que l'on impute à leur charge et non à leurs moeurs : s'excusans envers leurs amis, et envers ceux

---

[1] Comparer à Habert, *Le chemin de bien vivre*, I, f. 42 v°, D, 13.

[2] Comparer à Habert, *Le chemin de bien vivre*, I, f. 50 v°, M, 4 ; f. 52, N, 5.

qui sont de moindre estoffe, de ce qu'ils n'ont pas le loisir de les entretenir et caresser, comme ils desiroient : usans neantmoins de toute la facilité que peut porter leur condition, sans se cholerer, si l'on vient parler à eux importunément, ou indiscretement. Car c'est un mesme vice, de ne sçavoir se commander és prosperitez, et ne pouvoir porter les adversitez. Nous devons donc tenir une esgalité en toute nostre vie, et monstrer tousjours (s'il est possible) un mesme visage, plein de courtoysie et douceur. Alexandre le Grand a

[f. E 6]

beaucoup devancé son pere Philippe Roy de Macedone, par ses haults faicts de guerre[1] : mais son pere l'a surpassé en humanité et douceur. Le pere a tousjours esté vertueux, et bien aymé : et le fils a esté souvent vicieux et hay[2]. De maniere que le conseil est tresbon et salutaire de ceux qui disent, que de tant plus nous sommes grands et eslevez, tant plus humbles devons nous estre. Scipion l'Affricain disoit, que tout ainsi qu'on a de coustume de mettre les chevaux farouches et hargneux entre les mains des Escuyers qui les dressent, et apprivoysent, à fin de s'en pouvoir servir. Aussi est-il besoin de dompter les hommes superbes et insolens par trop de bonne fortune, et les ramener au rond de la

[f. E 6 v°]

raison : en leur remonstrant la misere et foiblesse des choses humaines, et l'inconstance de la fortune. C'est pourquoy en nostre plus grande prosperité nous devons user du conseil de nos amis, et leur donner mesmement plus d'authorité sur nous, qu'en autre temps, à fin qu'ils ayent la hardiesse de nous dire nos veritez, et bouscher nos oreilles aux flatteurs, lesquels nous peuvent aysément

---

[1] Plutarque, *Vie d'Alexandre-le-Grand.*

[2] Sénèque, *Épîtres à Lucilius*, XCIV, 62.

tromper[1]. Car en tout temps les hommes cuident estre tels qu'on les doyve loüer, et plus encore en la prosperité : en laquelle c'est chose rare et difficile de trouver personne, qui ne s'attribue volontiers la cause de sa felicité. Et n'y a saison, en laquelle les hommes oublient plustost Dieu, que lors que ils sont en si grande dignité[2]. De

[f. E 7]
façon que le malheur est medecine : parce qu'il les rameine à se cognoistre. Ceste opinion de penser beaucoup de soy, et de croire les mensonges des adulateurs, fait tresbucher les hommes en lourdes fautes, et donne occasion de se mocquer d'eux. Et pour certain c'est une grande folie, de nous rapporter plustost à autruy, qu'à nous mesmes. Ce Philippe (dont nous avons parlé cy dessus) se voyant fort puissant et triomphant: et considerant comme homme sage, que les choses humaines ne demeurent pas tousjours en mesme estat, ordonna qu'un page de sa maison n'eust autre chose à faire tous les matins, que de le saluer en ces termes : Philippe, souvienne toy que tu es homme. Combien plustost

[f. E 7 v°]
le sage Chrestien peut-il dire à soy-mesme, Souvienne toy que tu és terre, et que tu retourneras en terre[3].

---

[1] Sénèque, *Des biensfaits*, VI, xxx, xxxi, xxxii. Sur les moyens de distinguer le flatteur d'avec l'ami, voir Plutarque, *Moralia*, 48e-74e.

[2] Sénèque, *Des biensfaits*, VI, xxiii ; s. Augustin, *La Cité de Dieu*, trad. L. Moreau, Paris, 1944, I, ix, p. 46 : "Une autre raison qui soumet les gens de bien aux afflictions temporelles ... C'est afin que le Seigneur révèle à l'esprit de l'homme la force de sa piété et qu'il se rende à lui-même témoignage s'il aime Dieu sans intérêt ..."

[3] Gen. 3 : 19.

Comparaison de nostre fortune à celle des autres

DISCOURS XI

Ce qui peut beaucoup servir pour atteindre la tranquillité d'esprit est que l'homme considere en soy sans passion, les moyens qu'il a, et qu'il regarde puis apres ceux qui n'en ont pas tant: sans faire comme plusieurs, qui ont l'oeil seulement à ceux qui les surpassent, les admirans et re-

[f. E 8]

putans bien heureux[1]. Comme les prisonniers tiennent pour bien fortunez ceux, qui sont eslargis de prison : les eslargis ceux qui sont libres du tout: ceux cy les riches, les riches ceux qui commandent: ceux qui commandent, les Roys : les Roys ceux qui sont plus puissans qu'eux. Et de là vient que ne pouvans esgaler ceux qui les surpassent, ils demeurent mal satisfaicts en leur fortune. Qui ne est autre chose qu' une ingratitude envers Dieu, et un tourment à eux mesmes. L'homme sage, ores que les autres le devancent, pour cela ne sera triste ne mal content, ains se representant le grand nombre qu'il y a de personnes miserables et affligées, s'esjouyra en sa condition. Et pourtant quand vous verrez quelqu'un bien

[f. E 8 v°]

monté de beaux chevaux et richement enharnachez, ou bien versé és lettres : baissez les yeux, et regardez combien il y en a d'autres, qui vont à pied, et qui menans pauvre vie, reputent la nostre bien heureuse[2]. Car ce n'est pas raison que la fortune d'un seul, vous

---

[1] Ce discours est tiré en grande partie de Plutarque, *Moralia*, 470b.

[2] Plutarque, *Moralia*, 470e ; 471b 10.

incite d'avantage à estre mal content, que celle de plusieurs à estre content et satisfaict. Combien y a il de pauvres[1] gens, qui vivent de leur labeur, chargez d'enfans et de disette : et, qui pis est, qui n'ont aucune esperance d'eschapper de leur misere ? Combien y en a il, à qui la vie que vous pleurez et desdaignez, donneroit grande consolation ? Nous sommes venuz en un temps si miserable, que nostre vie pend plus de celle d'autruy, que de soy-mesme: et le bien de nostre

[f. F]

voysin nous donne plus d'ennuy, que le nostre ne nous donne de plaisir. S'il estoit possible aux hommes de voir à descouvert la fortune de ceux, qu'ils estiment heureux : ils y trouveroient bien souvent plus de travail qu'en la leur. Qui est celuy, qui ne juge tres-heureuse la condition des Roys ? Voyez ce que dit un Roy dedans Homere : le grand Jupiter m'a emprisonné avec grands soucis. 0 que bien fortunez sont ceux, qui vivent en leurs petits recoings hors de ces dangers ? Et s'il est ainsi, que dix mille personnes se contenteroient de l'estat auquel Dieu t'a constitué : quelle raison as tu de te plaindre pour n'avoir celuy d'un à qui tu l'envies ? Tu n'as gueres affaire d'aller mourant pour parvenir au rang d'un autre :

[f. F v°]

que c'est chose certaine qu'il n'y a rien qui tant travaille l'homme, qu'une affection d'aller tousjours montant de degré en degré à d'autres dignitez. Par-ce que telles gens suyvent sans consideration quelque esperance, qui s'offre à eux : laquelle faillant à leur succeder à souhait, ils accusent la fortune et maudissent leur adventure: ne se reprenans pas eux-mesmes de leur legereté, et peu de pourvoyance : et ne considerans pas que c'est folie d'imputer à autruy leur peu de sens, et la faute qu'ils ont faicte de s'estre mis à suyvre ou l'incertain ou l'impossible. Ils ressemblent à ceux qui se

[1] Correction de pauvre.

despitent de ce qu'ils ne peuvent voller, ou tirer une fleche avec une charruë. La cause de ce mal est la trop grande affection que les

[f. F ij]

hommes portent à eux mesmes, et de là vient qu'ils veulent estre les premiers en toutes choses. Ce ne leur est rien d'estre riches, s'ils n'en ont beaucoup plus que les autres riches[1]. Voyez comme ce vice regne en tous estats. Denys le premier ne se contentoit pas d'estre Roy de Sycile, et n'estimoit sa dignité bien accomplie: parce que Philoxenus le passoit en Poësie, et Platon en Philosophie. Si en vint en telle furie, qu'il condemna Philoxenus à travailler aux carrieres, et banit Platon[2]. De ceste amour desmesurée vient aussi, que les hommes veulent parler de tout, pour monstrer que ils en sçavent, et se font bien souvent mocquer d'eux. Comme il advint à Megabyses Persien, homme de grande reputation et val-

[f. F ij v°]

leur au demourant : lequel estant une fois entré au logis où Apelles peintre fameux vacquoit à sa peinture, commença à discourir de cest art, et vouloit donner à cognoistre qu'il l'entendoit. Apelles, qui estoit homme gracieux et sage : pour certain (dict-il) Seigneur Megabyses, devant que je vous eusse oy parler, je vous tenois pour homme prudent et advisé : car le silence paroit vos beaux habits : mais depuis que vous vous estes meslé de parler de mon mestier il n'est pas jusques à mes garçons qui broyent l'ocre, qui ne se mocquent de vous[3]. Hannibal Capitaine Carthaginois, apres que les Romains l'eurent chassé d'Italie et de l'Afrique, se retira fuyant chez le Roy de Bithynie : où estant un jour il fust

---

[1] Plutarque, *Moralia*, 471d-e 12.

[2] Plutarque, *Moralia*, 334c, 471e.

[3] L'anecdote est prise à Plutarque (*Moralia*, 58d, 472a) et reprise par Montaigne, *Essais*, III, viii, p. 910-911.

[f. F iij]

convié d'aller aux escholes pour ouyr un grand Philosophe, lequel se meit à discourir bien au long des ruses et subtilitez de la guerre. Et lors les autres qui l'oyoyent, s'esmerveillans de son bien dire, et de la science qu'il monstroit avoir en l'art militaire, demanderent à Hannibal ce qu'il luy en sembloit, lequel en se riant leur respondit, qu'il avoit congneu beaucoup de vieux foux, mais qu'il n'en avoit jamais veu, qui dit tant de sottises que cestuy-là. Et certes il avoit raison, puis que cest homme s'estoit ingeré de parler d'une chose, laquelle tres-difficilement se peut apprendre en l'ombre des escholes, et en presence du plus grand Capitaine et experimenté au faict des armes, qui fust lors au monde, et qui e-

[f. F iij v°]

stoit tenu pour tel. Ce qui enseigne que chacun se doit contenir en sa profession, sans s'empescher de celle d'autruy. Ce que les poëtes mesmes nous ont assez donné à entendre, feignans que leurs Dieux se contentoyent de faire chacun leur charge : Mars se mesloit de la guerre, Minerve des arts, Mercure de l'Eloquence, Cupidon des amours, Neptune de la mer, Pluton des enfers, Jupiter du ciel, et ainsi tous les autres, chacun se contenant en sa vacation et office[1]: et où quelqu'un se seroit demandé pour entreprendre sur celuy d'un autre, il auroit esté mocqué, ou chastié. De là devons nous tirer, que toutes choses ne conviennent pas à tous : et que chacun doit adviser à quoy il est propre et suffisant, et s'y con-

[f. F 4]

tenir. Ceux qui font profession de l'estude et des lettres, ont besoin de repos et de loisir : celuy qui veut avoir privauté avec les Princes, est subject à de grandes peines. Somme que toutes ces choses, et autres que nous pourrions mettre en avant, ne sont pas seantes à tous, et chacun est tenu de cognoistre à quoy il est

---

[1] Plutarque, *Moralia*, 472b.

idoine[1]. Le cheval est bon à courre, et le boeuf à labourer. Celuy qui se lamenteroit de ne pouvoir nourrir et porter un lyon en son giron, comme l'on fait un petit chien, seroit un fol[2]. Il y a des hommes, lesquels sans vouloir rien quitter de leurs aises, ny de leurs vices, voudroient estre aussi sçavans que les Philosophes, qui ont tant veillé et travaillé. Les bons luitteurs anciennement se contentans de

[f. F 4 v°]

leur prix, laissoient les autres champions gaigner le leur à la course[3]: ceux qui au contraire mesprisans leur bien, souspirent apres celuy d'autruy, vivent en peine et en desplaisir. L'on dit qu'il y eut d'autresfois des hommes notables en Bœoce, qui se plaignoient de leurs Dieux : par-ce que leurs figuiers ne portoient des raisins, et leurs vignes des figues[4]. Il faut penser que Dieu a formé diversement les hommes pour diverses choses, et que chacun doit demeurer coy et content de ce que Dieu luy a departy, sans passer par dessus le sien, pour courir apres celuy qui n'est pas sien. Car telle maniere de gens ne font jamais compte de ce que ils ont eu, ny de ce qu'ils ont, mais seulement de ce qu'ils voudroyent avoir: et vont regardant tousjours

[f. G]

au loing, ne songeant[5] pas au lieu où ils sont. Il y avoit jadis en un temple une certaine figure peinte, qui representoit telle sorte d'homme, lesquels s'attendent tousjours au futur, et negligent le

---

[1] Plutarque, *Moralia*, 472b 13.

[2] Pindare, *Fragments*, 234 ; Plutarque, *Moralia*, 451d, 472b 13-c.

[3] Plutarque, *Moralia*, 472d.

[4] Plutarque, *Moralia*, 472f.

[5] Correction de songante.

bien present[1]. La peinture estoit d'un cordier qui travailloit, et laissoit manger sa besongne à un asne, qui estoit derriere luy : ainsi font les ingrats envers Dieu, lesquels mesprisans les moyens qu'ils ont, les laissent devorer à l'oubliance, et sont tousjours convoiteux de l'advenir[2]. En l'harmonie du monde les differences ou intervalles doivent estre observées : aussi és choses humaines tout n'est pas d'une mesme sorte[3]. Comme en la musique il y a des tons graves, des aiguz, et des moyens, et le sage musicien de la meslange d'i-

[f. G v°]

ceux faict un doux accord : ainsi l'homme prudent, du bien et du mal de la vie faict une harmonie, ne prenant pas le bien tout seul, ne le mal aussi, ains les accordant l'un avecque l'autre, comme choses qui en ce monde ne se peuvent quasi jamais separer[4]. Estant trop vray ce beau mot d'Euripide, Que la tristesse et la vie humaine sont soeurs d'un mesme ventre[5].

---

[1] Plutarque, *Moralia*, 473c 14 ; Sénèque, *De la brièveté de la vie*, XVI,1 ; *De la vie heureuse* (6) ; *Épîtres à Lucilius*, 98, etc . Notions reprises entre autres par Montaigne, *Essais*, I, iii, in *OC*, p. 18: "Nous ne sommes jamais chez nous, nous sommes tousjours au-delà. La crainte, le desir, l'esperance nous elancent vers l'advenir, et nous desrobent le sentiment et la consideration de ce qui est, pour nous amuser à ce qui sera, voire quand nous ne serons plus". Sur l'idée de temps chez les Stoïciens, voir M. Goldschmidt, *Le système stoïcien et l'idée de temps*, Paris, 1953.

[2] Plutarque, *Moralia*, 473c (14) ; Pausanias, *Description de la Grèce*, X, 29, 1.

[3] Plutarque, *Moralia*, 473c.

[4] Plutarque, *Moralia*, 474 ; Sénèque, *De la vie heureuse* (8), etc.

[5] *Trag. Graec., Fragments*, 21, 2. Cité par Plutarque, *Moralia*, 474 et 25cd.

De l'Adversité

DISCOURS XII

Les choses adverses nous sont en partie naturellement griefves et pesantes, comme les infirmitez, la perte de nos

[f. G ij]

enfans et de nos amis, et autres semblables accidents[1]. Mais aussi en partie nous suyvons au ressentimens d'icelles la commune opinion, et principalement en nos necessitez, és faultes des nostres, en certains affronts et mocqueries, et lors qu'il nous est advis que lon ne nous rend pas l'honneur que nous meritons[2]. Contre celles-cy nous nous devons accommoder de ce que disoit le Poëte Menandre, Ce qui t'est advenu, n'est pas doloureux, Mais c'est que tu en fais le semblant[3]. Qu'ainsi soit, tu as l'esprit et le corps autant à commandement que tu avois auparavant qu'il t'advint. Contre celles-là vous devez noter, que vous n'endurez rien contre la loy humaine: puis qu'à la naissance de l'homme toutes ces

[f. G ij v°]

choses luy sont annexées et données pour ordinaires. Et à la verité, nature ne nous a pas faicts si debiles pour supporter les adversitez, comme nous nous rendons nous mesmes. Pensons que c'est la moindre partie de l'homme, qui est subjette à la fortune, et que nous avons le principal en nostre puissance : et que ce qui est en nostre part appartenant à la vertu, ne peut estre vaincu par aucune

[1] La constance du Sage n'est pas à confondre avec l'insensibilité. Cf. Sénèque, *De la constance du Sage* (10).

[2] Sujet plus amplement traité dans le discours XVI.

[3] *Com. Att., Fragments*, iii ; *Epitrepontes, Fragments*, 179. Cité par Plutarque, *Moralia*, 475b.

chose, sans nostre consentement[1]. Puis nous sçavons qu'il n'est pas besoin pour cela de grandes forces, n'ayans à combatre que nous mesmes: et voyans la meilleure partie de la victoire se consister à nous maistriser. Joint que Dieu ne defavorise jamais celuy qui par raison se dispose à estre le plus fort. La fortune te pourra rendre

[f. G iij]

pauvre, te mettre bas, et affliger: mais elle ne te pourra rendre vicieux, lasche, et abbatu. Elle ne te sçauroit oster le courage et la vertu, en laquelle il y a plus de force pour te gouverner, qu'en l'art de la navigation. D'autant que le marinier, pour sage et advisé que il soit, ne peut avec sa science appaiser les tempestes de la mer, ny oster la peur à autruy[2]. Mais la vertu et prudence en un coeur bien ordonné et composé, donne au corps asseurance, le preservant par temperance, des maladies: et par la continence le retirant des autres vices. Et où il se presenteroit chose à nostre esprit, en laquelle il y eust peril, comme en un abord dangereux, il la fault laisser, et passer outre : ou bien si le mal est inevitable il se doibt consoler, en

[f. G iij v°]

pensant que le havre n'est plus gueres loin, et qu'il sort du corps comme d'une meschante barque, tenant la mort pour un bon port et asseuré : et sçachant (en[3] esgard à la nature de nostre ame) que le passage de ceste vie, est pour parvenir à une meilleure. Laquelle consideration doit donner grand coeur aux Chrestiens, pour ne craindre ce qui faict peur aux autres hommes. Et si nous avions assez de force pour parer aux coups de la fortune, prendre le

---

[1] Sénèque, *De la constance du Sage* (5) ; s. Augustin, *La Cité de Dieu*, Livre I, ch. x. Comparer à Dampmartin, *Du bonheur de la Cour*, f. 4 : "Le monde est à toute heure sujet à changement, mais la vertu est tousjours semblable à soy & à celà de propre qu'elle se sert de l'inconstance pour accroistre son lustre & paroistre d'avantage ..."

[2] Plutarque, *Moralia*, 475f.

[3] Correction de eu.

devant, et luy couper chemin avec un coeur genereux, et preparé à soustenir tous ses assauts nulle chose ne nous donneroit peine. Cela seroit si nous estions accoustumez à ne nous promettre jamais de grandes et certaines esperances, ny d'estat asseuré en ceste

[f. G iiij]

miserable vie : et que nous prinsions garde, si les choses que nous reputons mauvaises, le sont tant comme nous pensons, ou si elles le sont moins[1]. Et si nous contemplions sagement, et prevoyions de loin la fortune adverse, pour nous asseurer, de sorte que quand elle arriveroit, elle ne nous espouventast point : ains que tant plus elle approcheroit, tant plus aussi nous fussions asseurez à la regarder au visage, et recognoistre que elle n'est pas si brave comme on la depeint[2]. Et si l'homme ne se peut vanter durant sa vie, et dire, je suis exempt de ce breuvage : à tout le moins pourra-il dire, s'il le faut avaller, pour celà Je ne m'estonneray point, Je ne pleureray point, Je ne me desespereray point, comme font les humains,

[f. G iiij v°]

Je ne me reduiray pas en si miserable estat qu'aucuns font en leurs adversitez, combien que pauvreté me cherche plus qu'eux : pour cela je ne tromperay point mon prochain, et ne prendray ce qui luy appartient : Je ne mentiray point : bref, je ne trouveray rien d'intolerable jusques là, que pour l'eviter je vueille estre vicieux. Si par honnestes moyens je ne le puis eviter, la necessité au moins me le rendra supportable, outre la loy commune, qui ne permet pas d'estimer pesant ce que tant de gens portent. Or choisissez telle sorte d'affliction que vous voudrez, vous trouverez plus de gens qui en sont chargez, que vous n'en trouverez qui en sont exempts. Il se fault consoler en ce que où il n'y a point de peché, il n'y a point

---

[1] Épictète, *Entretiens*, II, xvi, 21.

[2] Sénèque, *De la tranquillité de l'âme*, XI, 12. Rapprocher du discours III.

[f. G 5]

de mal : et que l'homme vertueux est plus tranquille en adversité, que le vicieux ne l'est en prosperité[1]. Telles ont esté les peines qu'ont enduré les justes, lesquels par la grace de Dieu estoient si bien accompagnez de vertu, de patience, et d'humilité, que pour aspres qu'elles fussent, neantmoins elles ne leur apportoient tant d'ennuy ny de fascherie, que leur conscience faisoit de plaisir et de consolation[2]. Tout ainsi que ceux qui ont la fiévre sentent plustost et avec plus de mal, la chaleur et rigueur de leurs accez, que ne font les sains le froid et le chauld de l'hyver et de l'esté. Aussi ceux qui sont travaillez de leur vice, qui brusle et ulcere leur conscience, sont beaucoup plus tourmentez des accidens, qui naissent en eux,

[f. G 5 v°]

que ne sont pas les gens de bien de leurs adversitez : lesquels ayans l'interieur sain, ne peuvent estre incommodez par l'exterieur, où ils opposent un vif et entier courage, et la force d'une conscience inviolable : force certainement plus grande que toutes celles que nous sçaurions acquerir d'ailleurs. Ne croyez pas que les richesses, pour abondantes qu'elles soyent puissent donner tant de contentement[3], comme la vertu en apporte à l'homme de bien, laquelle est suffisante pour le rendre content. Car la vertu en qui que ce soit, est tousjours le salaire et recompense de soy mesme. Et comme les arbres odoriferans et precieux, encore qu'on les coupe et laisse secher, gardent neantmoins leur soüefveté et bonne odeur : et

---

[1] Comparer à Dampmartin, *Du bonheur de la Cour*, f. 44 : "[la vertu] affoiblit les adversitez en leur resistant & fortifie les prosperitez en les moderant: je vous monstreray que c'est elle qui en la petitesse sçait trouver la grandeur : en l'affliction la joye, & au changement la constance, qui en obeissant assujectit & en se ployans s'esleve : bref, qui asseure les choses incertaines & arreste les passageres ..."

[2] Sénèque, *Épîtres à Lucilius*, CVII.

[3] Sénèque, *De la tranquillité de l'âme*, VIII, 8.

[f. G 6]

les mauvais et steriles avecques leurs fleurs mesmes ne plaisent pas. Ainsi le vertueux en ses adversitez retient plus de plaisir et de contentement, que ne faict le vicieux en sa bobance, flagelé et battu de sa mauvaise conscience. En quelque temps, en quelque lieu, en quelque estat que vous preniez l'homme de bien, vous le trouvez tousjours content. On dit que Diogenes Philosophe, voyant un homme : qui se preparoit pour un jour de feste, luy dict : Pourquoy prens tu tant de peine à t'equiper, veu que tous les jours il est feste à l'homme vertueux ? Pour certain chaque jour, que vit l'homme de bien, est jour solennel et opportun à resjouyssance et plaisir. Car si nous y regardons bien, le monde n'est autre chose qu'un temple beau

[f. G 6 v°]

et sainct, auquel l'homme est receu dés qu'il prend naissance[1]. Et dans ce temple il y a deux luminaires, qui sont le Soleil et la Lune, et beaucoup d'autres estoiles. Il s'y voit plusieurs especes de creatures, par le moyen desquelles l'homme parvient à la cognoissance d'autres, que l'on ne voit pas. Qu'est-ce que veoir les fleuves, qui meinent tousjours nouvelle eau, de voir les arbres, les plantes, les racines, les herbes, la diversité des animaux, les pierres, les montagnes, les vallées, et les plaines ? Si l'homme estoit bien sage, cela luy serviroit de passe-temps et recreation. Qu'y a-il en ceste vie plus digne d'estre veu que les esbatemens que Dieu nous a donnez en ses creatures, si nous en sçavons user ? Pourquoy prenons

[f. G 7]

nous plus de plaisir à voir courir des taureaux, ou autres bestes, qu'à contempler les animaux en ce beau theatre du monde ? Y a-il musique plus belle, que le chant des oyseaux ? En somme c'est une

---

[1] Plutarque, *Moralia*, 477c 20.

grande delectation de voir et observer toutes les choses que Dieu a faictes et formées chacune en son espece[1]. Nous consumons nostre vie en tant de menées et practiques, que nous n'en jouyssons point, et si n'en laissons pas jouïr les autres. Si nous sçavions depestrer nostre esprit, et luy donner lieu pour s'entretenir, et repaistre de telles choses, et de la cognoissance de Dieu, rien ne le sçauroit contrister. Au contraire estant uny avec son createur il se recueilleroit paisible en soy, et vivroit perpetuellement joyeux : cognois-

[f. G 7 v°]
sant que s'il luy est survenu du mal par fois, plus souvent encores il luy est advenu du bien : et par ce moyen compenseroit l'un avec l'autre, et diroit qu'il a plus dequoy se loüer des bons succez, que de se pleindre des mauvais. Comme nous avons accoustumé de destourner nos yeux de sur les choses qui nous offensent, et les jetter sur couleurs verdoyantes et gayes ainsi devons nous divertir les yeux de nostre entendement, et nos pensées des choses tristes, et les addonner à celles qui nous ont esté plaisantes et agreables. Et ne faut pas estre comme le malicieux qui regarde les vices d'autruy avec des yeux de Milan, et les siens avec des yeux de Chouëtte. Nous sommes bien souvent comme les ventouses, qui boivent le mauvais

[f. G 8]
sang et laissent le bon. Il y eut un homme riche et miserable, qui avoit en sa maison grande quantité de vin, et estoit si avare et aveuglé, qu'il vendoit le meilleur et beuvoit le pire : un sien esclave voyant la chicheté de son maistre, s'enfuit de chez luy: et estant depuis interrogé, pourquoy il s'en estoit allé, pour-ce (dit-il) que je ne pouvois durer avec un homme, lequel ayant le bon, choisissoit le mauvais[2]. Le Philosophe Aristippus rencontra encore

---

[1] Plutarque, *Moralia*, 477c 20-d ; Cicéron, *De la nature des Dieux*, II, xxxix et XL.

[2] Sur l'homme de Chios, voir Plutarque, *Moralia*, 469b. Sur l'avarice, voir aussi Habert, *Le miroir de vertu*, f. 5 v°.

mieux lequel ayant perdu l'une de trois mestairies ou terres qu'il avoit, dit à ses amis, que c'estoit simplesse de se fascher pour une terre perduë, et ne se resjouyr des autres deux, qui luy estoyent restées, puis qu'elles avoient couru la mesme fortune. Nous faisons comme

[f. G 8 v°]
les petits enfans, ausquels si vous ostez l'un de leurs jouëts, ils jettent tous les autres par despit. Car si de plusieurs bonnes choses que nous avons, on nous en prend une, ou que nous la perdions, nous nous mettons à la deplorer, oublians toutes les autres, qui nous demeurent entieres[1]. Quelqu'un me demandera : He ? qu'est-ce que nous avons? auquel je respondray, Qu'est-ce que nous n'avons pas? L'un a grande reputation, un autre a des biens, l'autre a femme à son gré, un autre a des amis fidelles. Antipater de Tharse mettoit bien entre ses bonnes fortunes, qu'il avoit navigé heureusement depuis la Sicile jusques à Athenes[2] : et nous autres tous voulons avoir tout, n'ayans pas l'entendement de remercier Dieu de ce que nous avons, et ne faisons

[f. H]
conte des plus grands biens (par-ce qu'ils nous semblent trop communs) vivre, estre en santé, n'estre point aveugle, demeurer en paix, manger, boire, voir que la terre porte des fruicts, que la mer est navigable, que nous pouvons parler, nous taire, nous assoir, nous tenir debout, dormir, veiller. Si les hommes s'imaginoyent quel déplaisir c'est à eux qui sont privez de telles choses, ils vivroient beaucoup plus contents qu'ils ne font. Que donneroit volontiers un malade pour avoir santé, un aveugle pour recouvrer la veuë ? Ceux qui sont peu prisez pour avoir quelque renommée? Nous sommes si aveugles et chetifs, que nous ne sçavons jamais estimer les biens que nous avons, jusques à ce que nous en soyons pri-

---

[1] Plutarque, *Moralia*, 469c-d.
[2] Plutarque, *Moralia*, 469d ; *Vie de Caïus Marius*, LXXXVII.

[f. H v°]
vez. Au demeurant soyez tousjours adverty, de ne tant aymer les choses de ce monde, que la crainte de les perdre vous mette en mal-aise, ou les avoir perduës vous face precipiter au desespoir[1].

---

[1] Plutarque, *Moralia*, 469f. Comparer à Le Caron, *De la tranquillité de l'esprit*, f. 109-110 : "Ces exemples & infinis autres enseignent les hommes de ne se fier aux honneurs, dignitez & puissances mondaines, lesquelles les Poëtes appellent applaudissemens, ou plustost pipperies de fortune, ains qu'ils en doivent jouyr tant qu'ils les possedent, mais s'ils en sont privez qu'ils portent constamment la perte, comme des choses n'estans en leur puissance : & sans lesquelles, comme avec icelles ils peuvent vivre contens, si la raison commande en eux".

De la Tristesse

DISCOURS XIII

Les adversitez nous causent les fascheries selon qu'elles sont grandes, ou petites : enquoy aussi il se trouve de la faute. Car nous voyons maintenant, que les hommes ont une coustume de pleurer beaucoup de choses, non pour autre raison, sinon parce que c'en[1] est l'usage. L'un se lamente des

[f. H ij]
inconveniens de son voisin, et mortifie son visage, pour monstrer que il en est bien dolent, encor qu'il n'en soit rien. Ceste humanité là est sans profit, veu qu'en vos propres adversitez vous ne devez vous contrister, qu'autant que la raison le requiert, et non autant que la coustume. Combien y en a-il qui larmoyent quand on les regarde, et pensent qu'il seroit laid de ne pleurer, quand les autres pleurent? En combien de mal-ayses cela a-il faict glisser les hommes, de s'appuyer sur l'opinion ? Qu'il seroit bien meilleur en telles choses inventer une nouvelle façon, et sentir les accidens, comme doivent personnes sages et cognoissantes[2]. Que servent leurs gemissements, ny à ceux qui sont morts, ny à ceux qui vivent, puis que de là il ne vient au-

---

[1] Correction de s'en.

[2] Sénèque, *De la tranquillité de l'âme*, XV, 6. Sur le chagrin et cette idée de coutume, d'opinion, voir aussi Cicéron, *Tusculanes*, III, xxvi, 62-64 ; III, xxviii, 68-71 ; Montaigne, *Essais*, I, ii.

[f. H ij v°]
tre chose, sinon se consommer chetifvement et inutilement[1] ? Combien qu'à la verité il arrive parfois tels accidens et desastres, qu'il n'est pas possible aux hommes de les passer sans se douloir: et toutesfois il ne s'y faut contrister qu'autant que l'on doit[2]. Et puis que le temps vous doit guarir à la fin, c'est simplesse de ne le prevenir avec prudence, et faire ce qui à la longue aussi bien se fera vueillez ou non. Combien de personnes apres la mort advenüe de leurs enfans, et de leurs femmes, ont ils mangé, et ry, et pris plaisir: estimans le temps perdu, qu'ils avoient employé vainement en tristesse et en dueil ? Car bien qu'il semble, que telles personnes sont dignes d'estre refraichis en nostre memoire, ou (pour mieux dire) en l'imprudence d'au-

[f. H iij]
truy, vous y devez neantmoins apporter le remede que de soymesme s'y mettra quand vous ne le voudriez pas[3].

---

[1] Voir aussi Du Vair, *La constance*, Paris, 1595, Livre I, f. 42 sq. : "C'est bien habillé les hommes en eunuques, voire les chastrer du tout, que de les laisser tomber en ceste tristesse-la qui leur oste tout ce qu'ils ont de masle & genereux, & nous donne toutes les contenances & toutes les infirmitez des femmes ... Si son but est de soulager nostre douleur, la diminuer & destramper en nos larmes, pourquoy nous servons-nous si long temps d'une si mauvaise & temeraire officiere, qui fait tout le contraire de ce qu'elle veut". L'auteur écarte ici l'argument chrétien qui invite à se soumettre à la volonté divine et met en garde contre l'amour porté à la créature, cet amour volé à Dieu ; voir Guillaume Briçonnet, *Correspondance*, éd. C. Martineau, M. Veissière, H. Heller, 2 vol., Genève, 1975, vol. I, Lettre 118, p. 264 : "En la plorant", dit-il à Marguerite de Navarre dans une lettre à la suite de la mort de sa nièce Charlotte, "l'on desplait non seulement à Dieu, comme contrevenant ou desirant (sinon obvier) ne se contenter de son vouloir, mais aussi à elle, luy substrayant, par nostre inconsideré desir, la felicité incommuable, et ce pour une folle amour, que cuydons avoir en elle".

[2] Le restant de ce discours s'inspire tout spécialement de Sénèque, *Épîtres à Lucilius*, LXIII. Voir aussi Plutarque, *Moralia*, 608f 4, 609b 5, etc.

[3] Voir à ce sujet Du Vair, *La constance*, Livre I, f. 10-11.

De l'affliction des bons

DISCOURS XIIII

Ce n'est pas peu d'occasion aux esprits vifs et à ceux qui sont touchez d'humanité, de se fascher quand ils voyent les gens de bien avoir mal. Et certes il semble que c'est un grand crevecueur, et quasi insupportable, de voir les personnes sages et paisibles estre affligées, foulées et travaillées : et considerer le mauvais traittement que le mon-

[f. H iij v°]

de leur faict[1]. Il semble à la verité que cela nous touche aucunement: parce qu'il nous est advis qu'il restraint nos esperances, puis que le partage des gens de bien n'est quasi que l'affliction[2]. Donc si telle chose vous moleste (comme elle faict ordinairement) pensez que si ceux la sont gens de bien et patiens, ils en sont tant plus heureux. D'autant qu'en ceste vie, qui est si courte, ils meritent l'eternelle. Car vous devez sçavoir, que le premier bien qu'obtiennent ceux, qui vont reposer en la maison de Dieu, est de demeurer quittes et deschargez de tentation, et des tourmens de ce monde. Au reste representez vous les plus saincts personnages, dont les uns ont eu les testes tranchées, les autres ont esté penduz, les autres brulez, les

---

[1] Mt 5 : 45 ; s. Augustin, *La Cité de Dieu*, Livre I, ch. viii, ix, x.

[2] Souvenir de Sénèque, *De la providence*, *Épîtres à Lucilius*, LXXIV, entre autres.

[f. H 4]
autres escorchez, persecutez de faim pendant qu'ils ont vescu, affligez, cruciez : desquels certainement le monde n'estoit pas digne, et pour ce les avoit il en horreur, comme chose non sienne. Mais Dieu les a aymez, et par sa divine providence, laquelle ne peut estre trompée, a voulu qu'ils passassent par telles tribulations, comme par un traject, voire que les peines qu'ils souffrent les stimulent davantage à sortir de ce monde[1]. Ils deslogent en fin d'une triste prison, ils eschappent des cachots, et avec une courte apression[2] de la mort ils trouvent le chemin pour parvenir à une vie meilleure[3].

---

[1] Rm 8 : 28 ; s. Augustin, *La Cité de Dieu*, Livre I, ch. x, p. 46.
[2] Peut-être oppression.
[3] Sénèque, *De la tranquillité de l'âme*, XVI, 4.

Des fautes d'autruy

DISCOURS XV

[f. H 4 v°]

Apres avoir disposé de vous mesmes, et appaisé vos passions propres, vous aurez encore les vices d'autruy, et les faultes qui se commettent en public, lesquelles vous travailleront l'esprit: voyant le desordre qui est parmy nous, tel qu'il n'y a chose qui se trouve au lieu, où elle doit estre, ny homme qui face l'office, pour lequel il est né[1]. Celuy qui seroit bon juge, est simple bourgeois : et celuy qui devroit estre simple bourgeois est mauvais juge, et

[f. I]

voyons commander celuy qui devroit obeyr. C'est chose estrange de voir comment tout est corrompu et vendu, et comme tout va sans dessus-dessous, comme le pauvre est chastié pour legere faulte, comme la justice espargne les riches et les grands, et comme toute la practique humaine n'est autre chose qu'argent : et le peu d'exemple et d'occasion de bien vivre, que nous donnent ceux, qui tiennent les charges et les premiers lieux. L'homme vertueux est tenu comme un monstre, craint et abhorré. Que diriez-vous de voir ce que le peuple ayme, ce qu'il demande, ce qu'il rejette et mesprise? Quel changement de monde, quelle misere, qu'on ne fait cas de ce qu'on doit ouyr, et oit-on ce qu'on devroit desdai-

---

[1] Écho de Plutarque, *Moralia*, 468b ; Sénèque, *De la tranquillité de l'âme*, XV, 1.

[f. I v°]
gner ? Le despit que plusieurs ont eu de telles choses, les a faict separer du monde, et se retirer és deserts et solitudes: ne pouvans veoir ce qui leur donnoit tant de deplaisir, aymans mieux vivre parmy les bestes dedans les rochers: qu'avec les hommes parmy tant de vices[1]. Neantmoins en cela, et en toutes les choses qui ne se peuvent corriger, il faut commander à soy-mesmes, et faire en sorte qu'elles ne nous facent avoir la compagnee[2] des hommes en horreur: mais plustost qu'elles vous soient occasion de prendre de plus pres garde à vous, à fin que ne soyez l'un de ceux qui oublient le devoir de l'homme sage : et que ce que vous trouvez à reprendre en autruy, ne donne occasion à autruy, de reprendre en vous[3]. Il faut plu-

[f. I ij]
stost tenir du Democrite, que non pas de l'Heraclite : Heraclite pleuroit les fautes qu'il voyoit faire au peuple, et Democrite s'en rioit. A l'un tout ce que nous faisons sembloit misere, et à l'autre folie. Aussi que c'est le meilleur quand on ne peut amender les choses, de les adoucir en dissimulant.

Il est certes plus humain de se rire de la vie commune, que d'en pleurer. Mais vous ferez encore mieux, si és vices d'autruy, et en ceux qui se font en public, vous gardez une mediocrité, en ne vous en mocquant point, et ne vous en lamentant aussi : estant chose miserable de s'affliger pour le vice d'autruy, et un passetemps inhumain de s'en resjouyr[4]. Or il y en a à qui cela ne pese pas beaucoup, mais ils ne peuvent compor-

---

[1] Comparer à Du Plessis Mornay, *Excellent discours*, f. 42 : "Que ferons-nous donc en si grande contrarieté & confusion d'esprits ? Nous faudra-il pour trouver la vraye humanité fuyr les compagnies des hommes, & se cacher és forests parmi les bestes sauvages? pour eviter ces enormes passions, nous destourner de la trouppe des animaux, qu'on tient pour raisonnables?"

[2] C'est-à-dire compagnie.

[3] Cicéron, *Traité des devoirs*, I, xli, 146. Comparer à Montaigne, *Essais*, I, xxvi, in *OC*, p. 146 : "Reprendre en autruy mes propres fautes ne me semble non plus incompatible que de reprendre, comme je fay souvent, celles d'autruy en moy. Il les faut accuser par tout et leur oster tout lieu de franchise ..."

[4] Sénèque, *De la tranquillité de l'âme*, XV, 3-4.

[f. I ij v°]
ter l'imperfection de leurs amis, et mesmes de leurs ennemis leur donnent peine. Les honneurs, les injures, les competences, les tourmentent, les importunitez de leurs amis, les fascheuses complexions de leurs serviteurs, et familiers, les travaillent, ainsi que nous le voyons bien souvent. Combien est-il meilleur d'avoir patience en telles choses, puis qu'on gaigne si peu à les vouloir racoster : Il faut faire estat, que telles gens qui se plaisent à vous nuire, sont comme chiens, qui sont nez pour japper. Il fault donner cela à leur mauvais naturel, dont ilz sont assez puniz par une continuelle anxieté, qui poinçonne leur maligne conscience. Que si vous vous aheurtez à tout ce que vous voyez de mal en ceux qui sont autour de vous, vous

[f. I iij]
estes perdu. Car si les vices des estrangers, ou des vostres vous viennent à gagner et abatre : vous serez esbahy, que toutes telles importunitez et fascheries, ne plus ne moins que des eaux, se couleront en vous, comme en lieu bas et profond. Et sans doute c'est estre imprudemment tendre, de nous ennuyer tousjours, si ceux avec lesquels nous conversions, ne nous tracent si songneusement que nous desirerions. L'excessive amour que nous avons à nous mesmes, nous trompe, et la delicatesse de nostre condition faict que nous ne pouvons supporter les negligences de nos serviteurs : ne considerans pas que bien souvent ils ne peuvent, ou ils ne sçavent mieux faire. Nous demandons en eux les choses parfaites, et nous mesmes

[f. I iij v°]
faisons tant de fautes : et le plus souvent nous nous passionnons contre nos serviteurs, pour les degoustements que nos mauvaises conditions nous donnent, ou les affaires que nous traittons, et

rejettons la coulpe sur ceux, qui n'en peuvent mais. Ce qui nous donne aussi beaucoup d'inquietude, est d'affectionner trop une chose, et en venir en debat avec nos amiz. Car il n'y eut jamais amitié parfaite entre ceux, qui sont tousjours en emulation de vaincre. Si vous essayez et accoustumez par exercice de vous accommoder aux temps et aux personnes, vous sçaurez gouverner facilement les hommes, et leur oster les humeurs que vous trouvez à blasmer en eux. Et quand il vous semble aucunefois

[f. I iiij]
qu'il est impossible de les comporter, pensez que cela vient de vostre faulte et impuissance : puis que tant et tant d'autres en ont sçeu, et sçavent bien comporter de mesmes. Car comme les malades ont coustume de dire qu'ils trouvent toutes viandes ameres, et s'en degoustent, pensans que le default est en icelles, ou en ceux qui leur ont apprestées: et puis quand ils voyent que les sains en mangent, sans qu'elles leur souslevent le coeur, ilz congnoissent que l'imperfection est en eux mesmes. Aussi toutes les fois que vous reduirez en memoire qu'il y en a tant d'autres qui souffrent, et ont souffert avec gaieté des choses plus fascheuses, vous confesserez que le defaut vient de vous. Si les mœurs[1] d'une

[f. I iiij v°]
femme vous importunent, il les faut flechir doucement, et avec le discours s'il est possible. Si vostre malheur fait que vous n'en puissiez venir à bout, il fault que la prudence vous apprenne à le supporter patiemment, et dissimuler ce que vous ne pouvez amender: autrement vous ferez de vostre maison une prison, et de vostre repos un tourment, et de vostre honneur un vaudeville. En vos enfans ne demandez point la prudence, qui appartient à vielles gens : veu qu'ils ne naissent pas vieux. Cest âge porte quant et soy beaucoup de choses, lesquelles si vous voulez tirer promptement

[1] Correction de mœus.

à perfection, vous cherchez pour vous mesmes un grand tourment. Et si éz jeunes arbres vous vous contentez qu'ils por-

[f. I 5]

tent des fueilles, pourquoy demandez vous avant le temps du fruit en vos enfans ? Qui demande ce qui ne peut estre, travaille pour ce qu'il n'aura pas. Le moyen est de les nourrir et instruire diligemment, sans les rabrouër et tanser desmesurément, si davanture ils faillent à faire une chose, pour ne leur avoir esté dit par vous, comment ils la devoyent faire.

Des injures et affronts

DISCOURS XVI

Il y a des hommes, qui supporteroyent patiemment toute autre sorte d'affliction, mais ils ne sçauroyent endurer un affront ny une injure :

[f. I 5 v°]
ce qui leur arrive toutesfois plus pour s'estre persuadez que la chose est insupportable, que pour estre telle de soy[1]. Et en cela une chose vous servira beaucoup, si vous pouvez prendre resolution en vous mesmes, de vous esloygner de l'opinion commune: et considerer sans passion chacune des choses qui faschent et travaillent les hommes. Car par ainsi vous verrez, s'il y a raison de vous en ressentir si excessivemment, comme vous faites. Il y a une sorte de desplaisir, que nous appellons Tort, c'est quand on nous traverse en nos affaires contre equité : l'autre s'appelle Affront ou Opprobre, quand nostre personne propre est traittée autrement qu'il n'appartient, soit de parolle ou de fait[2]. Pour toutes les deux vous devez sça-

[f. I 6]
voir que l'homme de bien n'est pas subjet de recevoir injure (non que je vueille dire, qu'il ne se trouve des personnes qui luy en feront: car il n'y a chose si saincte, qu'il n'y ait des mains sacrileges assez hardies pour y toucher.)[3] Bien qu'il ne manque point d'un grand nombre d'hommes, desquels la langue et les mains ne sont employez, qu'à violer l'honneur de Dieu, et piller et polluer ses

---

[1] Épictète, *Manuel*, XX ; Sénèque, *De la constance du Sage* (fin 4).

[2] Sénèque fait la distinction entre *coutumelia* (injustice) et *injuria* (insulte). Cf. *De la constance du Sage* (fin 2), (4), (10) & (11).

[3] Épictète, *Manuel*, LII.

temples : toutesfois l'homme de bien n'est pas moins asseuré pour cela : et bien que ces gens la visent à luy, si ne le touchent ils pas. Car une chose inviolable n'est pas simplement celle qu'on ne peut frapper : mais qui estant frappée ne reçoit playe ny blesseure[1] : ainsi est-il de l'homme vertueux, lequel de soy ne donne jamais occasion à per-

[f. I 6 v°]

sonne de l'injurier[2]. Que si de gayeté de coeur et par certaine malice l'on l'attaque, c'est un mur d'ayrain, que les traits des meschans ne sçauroient penetrer. Au demeurant la vertu est plus grande de celuy, qui en combatant est demeuré vainqueur, que de celuy qui n'a jamais combatu. Et pourtant l'homme de bien, comme un bon metail, plus il est approuvé: les injures l'essayent, mais elles ne le faulsent jamais[3]. Et si d'aventure en passant on luy jette quelque brocard ou affront, il demeure ferme, et n'en fait compte, s'asseurant que cela n'arrive point jusques à luy : joint qu'il n'y aura celuy, qui ne tienne l'aggresseur pour un meschant, et luy pour homme de bien, ne meritant tel outrage. La force de sa vertu paroist mieux

[f. I 7]

en ceste adversité, et sa douceur[4] et tranquillité reluist tant plus que l'injure est attroce[5]. A ceux qui ont le courage delicat, l'affront est plus fascheux. Voulez vous voir comme les injures se mesurent par l'opinion ? Il se trouve telle vanité és choses du monde, que l'on fait moins de cas recevoir une grande playe, qu'un petit soufflet. Il

---

[1] Sénèque, *De la constance du Sage* (3) ; Plutarque, *Moralia*, 90f. Repris par Du Vair, *La philosophie morale des Stoïques* et *Le manuel d'Epictète*, in *Les oeuvres du Sieur du Vair*, Paris, 1618, f. 447, 453, 480.

[2] Sénèque, *De la constance du Sage* (10).

[3] Sénèque, *De la constance du Sage* (3).

[4] Épictète, *Manuel*, XLII.

[5] Sénèque, *De la constance du Sage* (9).

y en a d'autres qui font plus de cas d'une parole, que de la mort[1]. Nous sommes venuz en tel aveuglement et enfance, que l'opinion nous offense plus que la douleur mesme, comme il advient aux petits enfans qui ont peur d'un masque[2] : mais l'homme sage et constant qui juge des choses par la raison, tout ainsi qu'il tient toutes choses comme d'emprunt[3], il sent la perte d'icelles comme de ce qui n'est

[f. I 7 v°]

pas à luy. Et ne plus ne moins que il ne laisseroit pas d'estre content, quand il ne les eust point euës (congnoissant que tous biens sont à la volonté de celuy qui les a donnez, et non seulement les biens, mais aussi la vie et l'honneur) il prend la perte qu'il peut faire d'aucuns d'iceux, comme le ject necessaire d'une partie pour sauver l'autre. Un tel vous a trompé de tant de ducats, c'est un dommage qu'il vous a fait : mais ce n'est que d'une partie de vos biens, et non du tout. Et celuy qui a courage de donner la totalité, se pourra-il ennuyer d'en lascher une portion ? Si la façon dont on vous l'oste vous met en cholere, pensez que comme vous endurez la fortune et ses injures, il est raison que vous enduriez aussi les insolens et audacieux, qui

[f. I 8]

ne sont autre chose que les mains de la fortune[4]. Croyez que nostre impatience nous fait plus de mal que ne font ceux desquels nous

---

[1]Allusion à la sensibilité de ses contemporains sur le point d'honneur, fréquemment soulignée par les auteurs de cette époque. Voir Alciat, *Le livre du duel et combat singulier* (1550) ; Brantôme, *Discours sur les duels* (1608) ; Pierre Boissat, *Recherches sur les duels* (1610) ; Charles Bodin, *Discours contre les duels* (1618) ; Marie de Gournay, "Si la vangeance est licite", in *Les advis ou les presens de la demoiselle de Gournay* (1641), etc.

[2] Sénèque, *De la constance du Sage* (fin 4).

[3] Notion empruntée à Sénèque (*De la constance du Sage,* 5) et reprise dans le discours sur la mort.

[4] Sénèque, *De la constance du Sage* (8) & (9).

nous plaignons. Ho cestuy-là ne s'est daigné lever pour moy, il ne m'a point respecté en parlant à moy, comme je pensois qu'il deust faire : il ne m'a pas fait place : il s'est assis le premier. Quels termes sont-ce là, sinon plainctes, qui partent d'un courage mollace et delicat[1] ? Plusieurs choses nous donnent ennuy, qui ne le feroient pas, si nous les interpretions bien. Par nostre imprudence et deffiance nous mesmes, nous rendrons affront ce qui ne l'est pas, nous estimans en cela dignes qu'on nous en face. Et c'est faute de coeur, encore que vous le sentiez, ne le pouvoir mettre bas, et fouller aux

[f. I 8 v°]

pieds. Que si nous voulions observer, comment se passent les visions et imaginations des dangers, qui nous viennent en songe : lesquels aucunefois nous font rire, lors qu'il nous en ressouvient : nous pourrions faire le mesme des injures, comme réveillez d'un sommeil, pendant lequel elles nous auroient esté dictes. Un homme de bien ne vous fera jamais tort en vos biens ny en vostre personne: et quant au méchant, que vous sert de vous en plaindre, puis qu'il n'est non plus à soy qu'un insensé ? Et tout ainsi que vous supportez d'un furieux, sans faire plaincte pour chose qu'il vous puisse dire, ains plustost en avez pitié : de mesme devez vous endurer d'un fol et temeraire, qui est hors de soy. Vous souffrez bien ce que vous dit

[f. K]

un bouffon ou plaisant, et pensez que ce seroit vous abaisser par trop, de vous formaliser contre telle sorte de gens : au contraire s'il dit quelque bon mot, vous le goustez, comme un savoureux esbatement. Voyez donc comment il est mal convenable, qu'une mesme parole prononcée par un, donne plaisir, et par un autre desplaisir: estant ainsi que l'homme qui est en cholere, n'a non plus

---

[1] Sénèque, *De la constance du Sage* (10).

de jugement qu'un simple bouffon ou plaisant[1]. Que dirons nous de ceux qui s'offensent des petits enfans[2], ou des simples femmes[3] ? qui sont neantmoins personnes qui offensent plustost par imbecilité, que par dessein. Pour conclusion, vous n'aurez jamais repos en vostre esprit, si vous prenez en mal tout ce qui se presente. Il y en a qui diront

[f. K v°]
ceste offense-là se peut endurer, celle-cy non. Ceux-là mettent la vertu trop à l'estroit, et bornent trop serrément sa puissance : Comme s'ils disoient, la vertu peut vaincre cecy, mais cela non. Certes si la fortune n'est entierement battuë et desfaitte, elle demeure maistresse[4]. Ouy mais, si j'ay donné occasion à cest affront, comme puis je le porter patiemment, et aller la teste levée? Si l'injure prend naissance de vostre faulte, ce n'est pas offense, ains correction : laquelle vous devez recevoir comme homme sage, et vous en servir ainsi que d'un chastiement de vostre peché. Si quelcun se gausse[5] d'une imperfection que vous avez en vostre personne, comme d'avoir le nez, et les yeux, ou les jambes mauvaises, ne prenez point cela

[f. K ij]
à injure : car c'est folie de se soucier de ce qui ne vient pas de vostre faulte[6]. Fidus Cornelius pleura de despit au Senat, parce que Corduba Strutio luy dist qu'il ressembloit à un Chameau pelé. Voyez la grande simplesse[7] ? Si quelcun nous contrefait, nous nous

---

[1] Sénèque, *De la constance du Sage* (12). Sur l'irascibilité et les moyens proposés par Plutarque pour lutter contre cette passion, voir *Moralia*, 452f-464d.

[2] Sénèque, *De la constance du Sage* (11).

[3] Sénèque, *De la constance du Sage* (14).

[4] Sénèque, *De la constance du Sage* (15).

[5] C'est-à-dire se moque, raille.

[6] Sénèque, *De la constance du Sage* (16).

[7] Sénèque, *De la constance du Sage* (17).

en offensons. Est-ce pas un miserable aveuglement de se tourmenter qu'un autre chemine comme vous, puis que vous cheminez ainsi ? Le moyen seroit plustost, si nature vous a donné quelque vice qui enlaydist vostre corps, d'en parler le premier comme homme qui le cognoissez : et par ainsi vous osterez aux autres l'occasion d'en faire leurs contes[1]. Vatinius se gaussoit luy-mesme de ses pieds, et de son col qu'il avoit laid : et par ce moyen nul de ses ennemis ne s'en est oncques

[f. K ij v°]

mocqué[2]. Ce n'est pas peu à qui vous pense faire injure, luy en oster le plaisir en vous taisant, ou en le quittant là[3]. Ne respondez jamais à un insolent temeraire. Car en vous taisant vous luy laissez son vice, sa sottise, et sa temerité en sa bouche : et en luy respondant, vous vous comparez à luy. Parce qu'il n'y a rien qui esgale tant les personnes, que la participation d'un mesme vice : et n'y a tel chastiement pour un fol, que de n'en faire compte, ains laisser passer ses parolles, lesquelles par vostre silence demeurent condemnées d'impertinence[4]. Et luy perd le plaisir de cuider qu'il vous auroit fasché. Semblablement il fault estre bien advisé en vos gausseries. Car vous voyez que l'on fuit la compagnie de ceux, qui font profession

---

[1] Sénèque, *De la constance du Sage* (17).

[2] Sénèque, *De la constance du Sage* (17).

[3] Sénèque, *De la constance du Sage* (17).

[4] Comparer à Le Poulchre, *Le passe-temps*, 1595, f. 67 :
Je tiendrois bien plustost que la remission
D'une injure reçeuë à celuy qui la faite
Fust d'un bien savourer quelque essence plus nette.
Il n'y a si petit bisongne ny faquin,
Qui n'ait à se venger tout son esprit enclin,
Et qui n'arrive avec quelquefois à le faire
De tuer celuy là qu'il tient pour adversaire,
Là où c'est faire un acte & grand & glorieux
Que l'on peult comparer au naturel des Dieux
De sçavoir pardonner estant plus honorable
Pouvant oster la vie à quelque miserable
Libre la luy donner qu'en user autrement. ...
Ainsi à pardonner asseurement je tien
Qu'il y a beaucoup plus qu'à se venger de bien ...

[f. K iij]

de se moquer d'autruy : et nul ne peut avoir certaine amitié avec celuy qui ne pardonne à personne. Caius Cesar, Empereur fut de un naturel fort injurieux, il avoit en son armée un Tribun nommé Cherea, qui parloit un peu gresle et approchant de la voix d'une femme : et pour ceste cause on ne l'avoit pas en trop bonne opinion. Quand il demandoit le mot, il luy en donnoit volontiers un deshonneste pour se moquer de luy. Duquel affront il se sentit tellement offensé, que depuis entre les meurtriers qui l'assassinerent il fut celuy qui luy abbatit la moytié de la teste tout d'un coup : tellement que celuy qui luy sembloit le moins homme, fut le plus homme à l'oster d'entre les hommes[1]. User de telles sornettes, c'est a-

[f. K iij v°]

voir faulte de discretion : et ne les pouvoir endurer, c'est avoir faute de courage. Socrates s'oyant gaber en sa presence ne s'en feit que rire[2], sans donner aucun semblant d'en estre fasché. On dit de luy, et de Lelius Romain, qu'ils ont tellement gardé ceste tranquilité d'esprit, que l'on ne leur a jamais veu changer de visage. Au reste vous devez tousjours eviter les noises. Car cela altere fort la personne, et la rend mal conditionnée. En parlant soyez retenu, et vos paroles telles, qu'elles emportent avec soy leurs poids et authorité, et vous accoustumez de passer beaucoup de choses sous silence. Ne vous laissez pas tromper à la commune, qui appelle libres, ceux qui ne peuvent rien endurer. C'est liberté à un homme de vivre comme

---

[1] Sénèque, *De la constance du Sage* (18).

[2] Autre exemple donné par Sénèque (*De la constance du Sage*, 18) qui évoque ici l'incident avec Xanthippe (Diogène Laërce, *Vies*, II, 37).

[f. K 4]
il veult[1] : ce que ne peut faire celuy qui n'a l'esprit composé à mespriser ces petites vanitez et delicatesses, dont aucuns s'esbranlent et esmeuvent. Faictes en sorte que plustost vous en ayez le dessus en les mesprisant. Car ce n'est pas signe qu'un homme soit sain, quand il s'escrie à chasque fois qu'on le touche.

---

[1] Sénèque, *De la constance du Sage* (19).

De la Pauvreté

DISCOURS XVII

Qui fera estat de la vie et de la mort selon qu'il doit, je n'ay pas peur que la pauvreté l'afflige, ny qu'elle luy oste le repos. Car il ne seroit pas convenable à

[f. K 4 v°]
qui sçait mespriser la mort, de se laisser abbatre à la pauvreté: qui est la chose dequoy le vulgaire se sent le plus, se plaint le plus, et le plus hault, ne pouvant atteindre aux biens à suffisance pour s'entretenir gayement, ny se contenter des moyens necessaires pour entretenir sa vie : estimant l'abondance et les richesses le souverain bien de l'homme, et la pauvreté son souverain mal[1]. Et toutesfois n'est il pas meilleur n'avoir point une chose, que de la perdre quand nous l'avons[2] ? Or est-il impossible en ceste vie que l'on ne perde, veu que l'un ne peut estre riche que beaucoup d'autres ne soyent necessiteux : et ne peuvent plusieurs heriter, que quelcun ne se laisse mourir. Comme la pauvreté n'est subjette à recevoir de grands dommages,

[f. L]
aussi n'est elle accompagnée de si grands travaux. Or de penser que les riches ayent plus de courage à supporter les pertes, que les autres, c'est erreur. Car la douleur d'une blesseure est aussi griefve en un grand corps, comme en un petit. Mesmes nous voyons communément que les grands hommes sont les plus douillets. Le

---

[1] Sur ces notions, voir Sénèque, *De la vie heureuse* (20), (22), (25) & (26), etc.

[2] Sénèque, *De la tranquillité de l'âme*, VII, 2.

philosophe Bion disoit que l'on ne fait pas moins de mal, arrachant les cheveux à un homme qui en a beaucoup, qu'à celuy qui n'en a gueres : la difference qu'il y a, est que le chauve a moins dequoy se plaindre. C'est pourquoy vous voyez tousjours les pauvres gens plus gaiz et joyeux : parce qu'ils n'ont pas tant de soucy, et craignent moins la tempeste que les riches. La pauvreté est un royaume et u-

[f. L v°]

ne ample seigneurie qui est en seureté contre tout le monde, ne craint rien, et se peut defendre soy mesme contre tous ses ennemys. Toy qui vas mourant pour les richesses, dy moy, je te prie, si depuis que tu les euz, elles t'ont donné plus de repos, ou plus de sçavoir, ou de resjouïssance[1] ? Les Gentils nous ont enseigné combien vault la pauvreté, quand ils ont imaginé que les dieux estoyent nuds, leur attribuans toutes choses, selon qu'ils pensoient leur estre convenable. Jamais je ne reputeray pauvre celuy, qui est hors de la puissance de fortune. Une chose est suffisante pour nous monstrer quelle est la pauvreté, c'est que personne ne parle d'elle, qui ne la louë, et ne die que les plus sages ont esté ceux qui l'ont souf-

[f. L ij]

ferte avec plus de contentement. C'est une grande imbecillité et delicatesse à nous, de ne pouvoir supporter ce que d'autres ont bien supporté, et n'est qu'une crainte que nous avons de partir. Car si nous estions tant soit peu hommes, nous aymerions pour nous ce que nous approuvons és autres. Et pourtant encore que notre lascheté ne le puisse du tout comporter du moins devrions nous limiter nos affections, et nous parer en sorte que la fortune trouve moins, où elle nous puisse offenser. Car un petit corps, qui se peut tout recueillir et couvrir soubs un bouclier, va bien plus seurement

---

[1] Sénèque, *De la tranquillité de l'âme*, VIII, 2-3.

que ne fait un bien grand, qui est descouvert et opportun aux coups[1]. Si ce n'estoit que mon intention est de mesnager le temps, et espar-

[f. L ij v°]
gner le papier, je me pourrois assez estendre à reciter plusieurs exemples tant des Gentils que des Chrestiens, qui ont cherché leur heur en la pauvreté. Mais vous devez considerer une chose pour toutes, que Jesus Christ a esté pauvre, estant seigneur de tout le monde : et ses disciples ont esté pauvres, qui possedoïent tout : les SS.[2] ont esté pauvres, qui pouvoient estre riches. Si vous ne deviez point mourir, je vous conseillerois bien de vous affectionner aux richesses : mais je voy que ceux, ausquels elles succedent le mieux, trouvent neantmoins plustost le bout de leur vie, que de leur convoitise. Pourquoy vous travaillez vous pour une chose qu'il vous fault quitter ? Et que ne vous contentez vous doucement de ce qui

[f. L iij]
vous est necessaire, cognoissant que la plus belle sorte d'opulence, est de n'estre ne trop pauvre, ne trop eslongné de pauvreté[3].

---

[1] Sénèque, *De la tranquillité de l'âme*, VIII, 9.

[2] Peut-être les Saints.

[3] Sénèque, *Épîtres à Lucilius*, IV; XXXIX, etc. Comparer à Du Plessis-Mornay, *Excellent discours*, f. 38-39 : "Heureux est celuy seul qui vit content en son esprit, & mal-heureux est celuy plus que nul autre, que rien qu'il puisse avoir ne peut contenter".

De la Mort

Discours XVIII

Il semble que tous inconveniens se doyvent supporter par accoustumance, ou par bon discours : mais la mort et l'apprehension d'icelle, est ce qui donne le plus d'horreur[1]. Or le remede en cela et le vray allegement, c'est que vous faciez estat qu'en ce monde vous n'avez rien qui soit vostre, ny bien, ny possession, ny vous mesme, ny vostre vie, ains

[f. L iij v°]
que vous vivez perpetuellement d'emprunt : tenant la vie mesme non en proprieté, mais à la charge de la rendre à celuy qui la vous a prestée, lors qu'il la vous redemandera. Pour celà toutesfois il ne la faut negliger comme chose qui ne seroit vostre, ains la garder fidellement et avec plus de soing (d'autant qu'on s'en est fié à vous) et la restituer aussi sans murmure et avec un visage riant, en rendant graces à Dieu du temps que vous vous en estes aydé, luy disant ainsi: Seigneur, je vous la rends d'aussi bon coeur, comme il vous a pleu me la donner, et encores de meilleure volonté que je ne l'ay receuë : Car lors que vous me donnastes la vie, vous la donnastes à une petite creature, qui ne sçavoit le bien que vous luy faisiez :

[f. L iiij]
maintenant vous la recevez d'un homme faict, qui sçait ce qu'il vous remet entre les mains, et le vous rend de franche volonté[2]. Et

---

[1]Sur l'appréhension de l'homme face à la mort, voir Sénèque, *De la brièveté de la* vie, XVI, 2 ; *Épîtres à Lucilius*, IV, XXIV ; Épictète, *Manuel*, V, LXXIV, etc.

[2] Sénèque, *De la tranquillité de l'âme*, XI, 1, 2 & 3 ; Épictète, *Manuel*, XI, etc.

certes chacun doit penser qu'il n'est pas trop difficile de retourner au lieu d'où il est party. Et celuy n'a pas bien appris à vivre qui ne sçait pas mourir[1]. Il nous fault estre affectionnez envers nous mesmes, comme nous sommes, à l'endroit des gladiateurs qui viennent à combattre en camp clos. Car nous haissons celuy qui fait laschement, et favorisons celuy qui courageux a plus cher de mourir, que de se laisser vaincre. Souventesfois la crainte de mourir, est cause de la mort de celuy qui fuit[2]. Et puis vous sçavez que la vie vous a esté donnée à la charge et condition de mourir[3]. Ne soyez donc si in-

[f. L iiij v°]
juste de vouloir jouyr à perpetuité de ce qui vous a esté baillé à temps, vous rendant seigneur de ce dont vous n'estes que depositaire. Au surplus nous dirons que c'est grand cas que la crainte et apprehension de la mort, et que c'est l'extreme de toutes les choses terribles.[4] Sçachez que ceste faulte vient non de la mort, mais de l'imbecillité de nous, qui sommes pris et arrestez és delices, et au desir de ceste vie, et aymons outre mesure nostre miserable corps. Et si vous y prenez garde, ce n'est pas la mort qui est terrible, ains l'opinion que nous en avons[5]. Car chacun la craint

---

[1] Sur cet art de vivre, voir Sénèque, *De la brièveté de la vie*. Voir aussi Montaigne, *Essais*, I, xx ; Du Plessis Mornay, *Excellent discours*, f. 73, XXVI, "Qui exhorte à mediter la mort, exhorte à mediter la liberté. Qui a appris à mourir, à desappris de servir", etc.

[2] Sénèque, *De la tranquillité de l'âme*, XI, 4.

[3] Sénèque, *De la tranquillité de l'âme*, XI, 6 ; s. Augustin, *La Cité de Dieu*, I, xi, p. 49. Comparer à Habert, *Le miroir de la vertu*, f. 18.

[4] Épictète, *Entretiens*, III, xxvi, 38.

[5] Épictète, *Manuel*, V. Cf. trad. Du Vair, in *Les oeuvres du Sieur du Vair*, f. 468 ; repris dans *La constance*, f. 39 v°-40 : "Nous nous trompons, la mort n'a rien de soy d'effroyable, non plus que la naissance: la nature n'a rien d'estrange, ny de redoutable. La mort est tous les jours parmy nous, & ne nous fait point de peur: nous mourons tous les jours, & chaque heure de nostre vie qui est passee est morte pour nous ... le dernier moment de nostre vie n'est pas celuy qui fait la mort, mais seulement qui l'acheve. La principale partie de la mort consiste en ce que nous avons vescu. Plus nous desirons vivre, plus nous desirons que la mort gaigne sur nous ..."

selon son jugement, et selon sa conscience[1]. Que s'il est ainsi que vous n'en ayez peur que pour ceste seule occasion, donnez en la coulpe à vous, et non à elle : comme les

[f. L 5]
desbauchez et mauvais mesnagers, qui ne veulent point venir à compte pour la defiance qu'ils ont de leur fait. De dire que vous la craignez, pensant que c'est la fin et dernier point de l'homme, il y a aussi peu de raison[2]. Car l'ame nous reste tousjours, laquelle vit et ne peut mourir[3]. Les Grecs appellent le trespas fin, donnans à entendre par là, que c'est le demeurant d'une triste vie. La saincte Escripture l'appelle sommeil, pour nous asseurer de la resurrection certaine, à ce que nous ne pleurions, comme les Gentils, qui n'avoient point d'esperance. Considerons combien de saincts personnages l'ont prisée et desirée, comme l'alegement de leurs maulx[4]. Salomon, Job, les lettres sacrées, et les histoires des saincts sont

[f. L 5 v°]
pleines des loüanges et du desir de la mort. Quelle vanité est-ce de desirer tant ceste miserable vie, ceste geolle, ceste prison, veu que

---

[1] Comparer à Le Poulchre, *Le passe-temps*, 1595, f. 65-70 ; Dampmartin, *De la conoissance et merveilles du monde et de l'homme*, IV, f. 136 v°-137 : "Heureus passage pour certain à ceus qui se laissent aller comme au fil de l'eau, & malheureus aux autres qui s'ahanent en vain pour estre plus forts que le courant de leurs jours: heureuse navigation dy-je, & abord fortuné aus esprits consolez de la veuë d'un grand bien dont ils s'asseurent jouir, & à l'opposite horrible tempeste & naufrage aus ames, qui n'ont esperé rien de plus precieus que la chetive charge de leur vaisseau, & qui font leur descente au tombeau ainsi qu'en un païs couvert d'ennemis, de bestes farouches, & d'un horrible nuit".

[2] Comparer à Le Poulchre, *Le passe-temps*, 1595, f. 70 : "Il n'est que l'homme aveuglé d'une crasse ignorance,/Qui ayant de ses maux par la mort delivrance,/Ne desire sortir libre de sa prison".

[3] Plutarque, *Moralia*, 476b.

[4] Rapprocher de Du Plessis Mornay, *Excellent discours*, f. 55 : "Ceste vie est une misere & une tempeste perpetuelle. La mort donc est l'issue de nos miseres, & l'emboucheure du port, où nous serons à couvert de tous vents".

tant plus nous vivons, tant plus nous pechons, et allons acquerans nouvelle peine ? Pour ne point craindre la mort, comme fait le monde ; il faut faire deux choses : vivre bien, parce que la bonne vie et Chrestienne rend mesmes aggreable la memoire de la mort: et croire que ce que il a pleu à Dieu nous donner pour remede et soulagement contre nos travaux, n'est point mauvais, ny tant à craindre, que nous pensons : et devons avoir souvenance que les saincts ont eu la vie en affliction, et la mort en affection.

[Texte ajouté dans l'édition de 1593]

Voyla ce que j'ay peu effleurer des escrits des sages, sur lesquels j'ay passé les yeux : je le mets en commun entre vous et moy, comme les soigneuses avettes font en leurs ruches tout ce qu'elles ont peu moyssonner és beaux et bien fleuris jardins, à fin que nous en elabourions et tirions ensemble le miel succré de ceste tant douce et suave tranquillité d'esprit. Je croy quant à moy que si les poëtes anciens l'eussent congneu, ils ne se fussent point mis en peine de composer du nectar et de l'ambrosie pour leurs dieux: mais les eussent pensé bien traittez de leur donner de ceste viande pour tous mets et à tous repas. Or puisque nous avons l'usage d'une chose si divine, servons nous en avec le meilleur mesnage que nous pourrons: recongnoissans toutesfois que c'est un don du ciel, lequel doit distiller en nos ames par la benigne influence du Createur de tout le monde, qui est la vraye et vive source, d'où coule tout heur et felicité.

FIN

TABLE DES DISCOURS CONTENUS

en ce present livre, intitulé

CABINET DES SAINES AFFECTIONS

Comme il se faut preparer contre les Passions, Discours j.

Du choix des Affaires, Disc. ij.

De la Prevoyance, Disc. iij.

De la Vacation d'un chacun, Disc. iiij.

Comme il faut reigler sa vie, Disc. v.

De la diversité des Actions, Disc. vj.

Du choix des Amis, Disc. vij.

De la Dissimulation, Disc. viij.

De la Vanité, Disc. ix.

De la Prosperité, Disc. x.

Comparaison de nostre fortune à celles des autres, Disc. xj.

De l'Adversité, Disc. xij.

De la Tristesse, Disc. xiij.

De l'Affliction des bons, Disc. xiiij.

Des fautes d'autruy, Disc. xv.

Des injures et affronts, Disc. xvj.

De la Pauvreté, Disc. xvij.

De la Mort, Disc. xviij.

De la Raison, Disc. xix.

De la Modestie, Disc. xx.

De la Reputation, Disc. xxj.

De la Vertu, Disc. xxij.

De l'Amitié, Disc. xxiij.

Combien la Vie est incertaine, et quelle fœlicité l'on y doit eslire, Disc. xxiiij.

De l'Ignorance, Disc. xxv.

De l'Ambition, Disc. xxvj.

De l'Envie, Disc. xxviij.

De l'Ingratitude, Disc. xxviij.

Des Passions de l'Ame, Disc. xxix.

Du vray Honneur, Disc. xxx.

Extraict du Privilege[1]

Par grace et Privilege du Roy, il est permis à Iehan Coquerel, & Anthoine du Brueil, d'imprimer ou faire imprimer un livre, intitulé, *Cabinet des Saines Affections*, nouvellement augmenté de xij. Discours, & quelques Stances sur le mesme subjet, par M. de Rivery. Et defences sont faites à tous Libraires & Imprimeurs, d'imprimer ou faire imprimer le dit livre, sans le congé et consentement desdits Coquerel et du Brueil, pendant le temps et terme de dix ans entiers & accomplis, sur peine de confiscation des impressions qui en seront trouvees, & d'amende arbitraire, comme plus amplement est contenu et declaré és lettres dudit privilege. Donné à Paris le xvj. De Iuing, mil cinq cens quatre vingts quinze.

Par le Conseil,

Signé, VERTHAMONT.

[1] Sur l'obtention des privilèges, on lira avec profit E. Armstrong, *Before Copying : The French Book-Privilege System*, Cambridge, 1990.

ABRÉVIATIONS

BL	British Library, Londres
BNF	Bibliothèque Nationale de France, Paris
Gen.	Genèse
Jon.	Jonas
Mt	Évangile selon Matthieu
OE	*Œuvres complètes*
Rm	Épître de Paul aux Romains
SA	*Saines affections*
1 Tm	Première épître de Paul à Timothée

BIBLIOGRAPHIE

I. LES SAINES AFFECTIONS, ÉDITIONS ET TRADUCTIONS

Des saines affections, À Paris, Chez Abel L'Angelier, 1584 ou 1594.

Des saines affections, 1591.

Des saines affections, À Paris, Chez Abel L'Angelier, 1593.

Les parfaites affections, À Paris, Chez Abel L'Angelier, 1600.

Cabinet des saines affections. Derniere edition, nentee de XII. Discours et quelques Stances sur le mesme sujet. Par Madame de Rivery, À Paris, Pour Anthoine du Brueil, 1595.

Lo studio degli affetti sani : Libretto comp. da Monsur de Riveri in 30 discorsi, e trad. dalla lingua franzese in volgar italiano, Cotogna, Fürstl. Druckerei, 1623.

Schatzkämmerlein Heilsamer Zuneigungen, welches in 30 Betrachtungen begriffen, u mit etlichen hierzu gehörigen Reimen verm. worden. Durch Herrn von Rivery gestellet, u. anjetzo in teutsche Sprach ubergesetz, Köthen,Fürstl. Druckerei, 1623.

II. ÉTUDES SUR LES *SAINES AFFECTIONS*

Balsamo, Jean, "Abel L'Angelier et ses dames : les Dames des Roches, Madeleine de L'Aubespine, Marie Le Gendre, Marie de Gournay", in *Des femmes & des livres, France et Espagnes XIVe-XVIIe siècle*, études réunies par Dominique de Courcelles et Carmen Val Julián, Paris, École des Chartes, 1999, p. 117-136.

Berriot-Salvadore, Évelyne, "Marie Le Gendre et Marie de Gournay à la manière de ...", in *Le lecteur, l'auteur et l'écrivain: Montaigne 1492-1592-1992*, Actes du Colloque International de Haïfa, avril-mai 1992, éd. Ilana Zinguer, Paris, Champion, 1993, p. 237-245.

Berriot-Salvadore, Évelyne, "François Le Poulchre et Marie Le Gendre, lecteurs de Montaigne", in *Montaigne et Henri IV (1595-1995)*, Actes du Colloque International de Bordeaux et de Pau, 12-13 mai1995, éd. Claude-Gilbert Dubois, Biarritz, "Terres et Hommes du Sud", 1996, p. 151-164.

Loviot, Louis, "*Cabinet des Saines affections* (1595)", *Revue des Livres Anciens*, t. II, Paris, Fontemoing et Cie Editeurs, 1917, p. 274-282.

Warner, Lyndan, "Marie Le Gendre, the *Saines affections* and Moral Thought in the Late Sixteenth Century", in *Women's Writing in the French Renaissance*, Proceedings of the Fifth Cambridge French Renaissance Colloquium 7-9 July 1997, éd. Philip Ford et Gillian Jondorf, Cambridge, Cambridge French Colloquia, 1999, p. 221-238.

Winn, Colette H., "Marie Le Gendre et l'échec du stoïcisme", in *Women's Writing in the French Renaissance*, p. 207-220.

III. SOURCES

Alciat, *Le livre du duel et combat singulier*, trad. I.D.L.F., Paris, J. André, 1550. (BL G. 2305)

Amyot, Jacques, *Les œuvres morales & meslées de Plutarque, translatées du Grec en François par Messire Jacques Amyot, à present Evesque d'Auxerre, Conseiller du Roy en son privé Conseil, & grand Aumosnier de France*, Paris, De l'Imprimerie de Michel de Vascosan, 1572. (BNF Rés. J. 108-109)

Béroalde de Verville (François Brouart, dit), *Dialogue de la Vertu*, Paris, Pour Thimothée Joüan, 1584. (BNF Rés. Ye. 2044 [2])

Bodin, Charles, sieur de Freteil, *Discours contre les duels*, À Paris, Chez Toussainct du Bray, 1618. (BL 501 a23)

Boissat, Pierre, *Recherches sur les duels, dediées à haut et puissant seigneur Charles, sire de Crequi*, À Lyon, Par Irene Barlet, 1610. (BNF E 222)

Brantôme, Pierre de Bourdeille, *Discours sur les duels*, in *Œuvres complètes*, publiées pour la société de l'Histoire de France par L. Lalanne, Paris, Veuve Renouard, 1862.

Briçonnet, Guillaume et Marguerite de Navarre, *Correspondance (1521-1524)*, éd. Christine Martineau, Michel Veissière, Henry Heller, 2 vol., Genève, Droz, 1975 & 1979.

Cicéron, *Œuvres complètes*, avec la traduction en français, publiées sous la direction de M. Nisard, 5 vol., Paris, Chez Firmin-Didot et Cie, 1881.

Colletet, Guillaume, *L'art poetique du sr Colletet. Où il est traitté de l'epigramme, du sonnet, du poeme bucolique, de l'eglogue, de la pastorale, et de l'idyle, de la poesie morale, et sententieuse, Avec un Discours de l'Eloquence, & de l'Imitation des Anciens. Un Autre Discours contre la Traduction. Et la nouvelle Morale du mesme Autheur*, À Paris, Chez Antoine de Sommaville, et Louis Chamhoudry, 1658. (BNF microfiche m. 704) Réimpr. Genève, Slatkine, 1970.

Dampmartin, Pierre de, *De la conoissance et merveilles du monde et de l'homme, dedié au roy tres-chrestien Henry III, Roy de France & de Pologne*, À Paris, Chez Thomas Périer, 1585. (BNF microfiche R. 353)

Dampmartin, Pierre de, *Du bonheur de la Cour, et vraye felicité de l'homme*, À Anvers, Par François de Nus, 1592. (BNF microfiche 8° Lb 34.837)

Desportes, Philippe, *Quelles sont les plus excellentes, les vertus intellectuelles ou les morales*, in Édouard Frémy, *L'Académie des derniers Valois (1570-1585) d'après des documents nouveaux et inédits*, Paris, Ernest Leroux, 1887, p. 231-233.

Desportes, Philippe, *Recueil de quelques points principaux par Desportes pour monstrer que les vertus intellectuelles sont plus excellentes que les moralles*, in *L'Académie des derniers Valois*, p. 234-237.

Diogène Laërce, *Vies*, trad. R. D. Hicks, 2 t., Londres, Heinemann ; Cambridge, Mass., Harvard University Press, 1970.

Dolet, Estienne, *La maniere de bien traduire d'une langue en aultre. D'advantage. De la punctuation de la langue françoyse. Plus. Des accents d'ycelle*, A Lyon, Chés Dolet mesme, 1540. (BNF microfiche m. 294)

Du Moulin, Antoine, trad., *Les epistres familiaires de Marc Tulle Cicero*, Paris, G. Le Bret, 1543. (BNF Rés. p. Z. 2408) Réimpr. Genève, Slatkine, 1972.

Du Moulin, Antoine, *Le manuel ... Plus y sont adjoustées les sentences des philosophes de Grèce*, Lyon, 1544. (BNF Rés. p. R. 318)

Du Plessis-Mornay, Philippe, *Excellent discours de la vie et de la mort*, s.l., 1576. (BNF microfiche D^2-1550)

Du Vair, Guillaume, *Le manuel d'Epictète*, À Paris, Chez Abel L'Angelier, 1591.

Du Vair, Guillaume, *La constance et consolation és calamitez publiques*, seconde edition reveue & corrigée, À Paris, Chez Abel L'Angelier, 1595. (BNF D. 33376)

Du Vair, Guillaume, *La saincte philosophie, La philosophie des Stoïques, Manuel d'Epictète, Civile conversation et plusieurs autres traictez de pieté*, À Lyon, Par Bonaventure Nugo, 1600. (BNF D. 60954)

Du Vair, Guillaume, *Les œuvres du Sieur du Vair, garde des Seaux de France, comprises en cinq parties, derniere edition reveuë & corrigee*, À Paris, Par Jacques Bessin, 1618. (BNF F 19032)

Euripide, *Fragments*, Cambridge, Cambridge University Press, 1970.

Goulart, Simon, *Les œuvres morales et meslées de Senecque, traduites de Latin en François, & nouvellement mises en lumiere par Simon Goulart sensilien*, 3 t. en 2 vol., Paris, Jean Houzé, 1595. (vol. I : BNF R 5863) (vol. II : BNF microfilm M - 3218)

Gournay, Marie de, "Si la vangeance est licite", in *Les advis ou les presens de la demoiselle de Gournay, troisiesme edition, augmentée, reveuë & corrigée*, À Paris, Chez Jean du Bray, 1641.

Habert, Pierre, *Le miroir de la vertu et chemin de bien vivre, contenant plusieurs belles histoires, par quatrains & distiques moraux, le tout par Alphabet. Avec le Stile de composer toutes sortes de lettres missives, quittances & promesses. La punctuation & accens de la langue Françoise. L'Instruction & secrets de l'art d'Escriture, reveu & augmenté de nouveau par l'Auteur*, À Paris, Chez Claude Micard, 1587. (BNF Rés. 2456)

Homère, *Odyssée*, texte établi et traduit par Victor Bérard, 4éd., Paris, "Les Belles Lettres", 1946-1947.

Jamyn, Amadis, *Des vertus intellectuelles et moralles*, in *L'Académie des derniers Valois*, p. 239-241.

Jamyn, Amadis, *Discours des passions humaines et premièrement de la joyeet de la tristesse*, in *L'Académie des derniers Valois*, p. 268-273.

Jamyn, Amadis, *Discours de l'honneur et de l'ambition*, in *L'Académie des derniers Valois*, p. 306-312.

Jamyn, Amadis, *De l'ire et des moyens de la modérer*, in *L'Académie des derniers Valois*, p. 287-294.

La Noue, François de, *Discours politiques & militaires du Seigneur de La Noue nouvellement recueillis et mis en lumiere par de Fresnes*, Bâle, F. Forest, 1587. (BNF R. 6332)

L'Aubespine, Madeleine de, *Les chansons de Callianthe : fille de Ronsard (Madeleine de L'Aubespine, Dame de Villeroy)*, intr. par Roger Sorg, Paris, Chez l'imprimeur Léon Pichon, 1926.

Le Caron, Loys, *La philosophie, A tres-illustre, tres-vertueuse & tres-roïalle princesse,Marguerite de France, Duchesse de Berry*, À Paris, Chez Guillaume le Noir, 1555. (BNF microfilm m. 1029)

Le Caron, Loys, *De la tranquillité d'esprit, Livre singulier*, Paris, Chez Jacques du Puys, 1588. (BNF R 18255)

Le Poulchre, François, sieur de La Motte-Messemé, *Le passe-temps de Monsieur de La Motte-Messemé, dédié aux Amis de la Vertu. Plus un Songe faict à l'antique dedié à Monsieur Ayraut, Lieutenant criminel d'Angers*, À Paris, Chez Jean Le Blanc, 1595. (BNF Rés. Y^2 2039)

Le Poulchre, François, *Le passe-temps de Messire François Le Poulchre, seigneur de La Motte-Messemé Chevalier des ordres du Roy, seconde edition, reveue & augmentee*, À Paris, Chez Jean Le Blanc, 1597. (BNF Rés. Y^2 8462)

Lespine, Jean de, *Excellens discours de I. de l'Espine Angevin, touchant le repos & contentement de l'Esprit, contenans infinies doctrines & fermes consolations à toutes sortes de personnes affligées, en ces derniers temps*, À La Rochelle, Par Theophile Regius, 1588. (BNF D^2. 4107)

L'Estoile, Pierre de, *Registre-Journal du règne de Henri III*, t. II (1576-1578), éd. Madeleine Lazard et Gilbert Schrenck, Genève, Droz, 1996.

Lipse, Juste, *De la constance, ouvrage philosophique, en forme d'entretien sur les maux publics, et sur l'usage qu'on doit faire de sa raison dans les temps critiques, traduict des œuvres latines de Juste Lipse*, par M. de L^{xxx} [Lagrange], Paris, Prault fils, 1741. (BNF R. 18111)

Marc-Aurèle, *Pensées*, trad. A. I. Trannoy avec une préface par Aimé Puech, Paris, “Les Belles Lettres”, 1964.

Ménandre, *Œuvres*, Paris, "Les Belles Lettres", 1963.

Montaigne, Michel Eyquem, *Œuvres complètes*, éd. Albert Thibaudet et Maurice Rat, Paris, Gallimard, coll. "La Pléiade", 1962.

Pausanias, *Description de la Grèce*, 2 t., Paris, "Les Belles Lettres", 1992.

Pibrac, Guy du Faur de, *Cinquante quatrains, contenans preceptes & enseignemens utiles pour la vie de l'homme. Composez à l'imitation de Phocylides, d'Epicharmus, & autres anciens Poëtes Grecs par le Seigneur de Pybrac*, À Paris, Chez Gilles Gorbin, 1575. (BNF Rés. Ye. 4627)

Pindare, *Fragments*, Paris, "Les Belles Lettres", 1952.

Platon, *Œuvres complètes*, trad. et notes par Léon Robin avec la collaboration de M.-J. Moreau, 2 vol., Paris, Gallimard, coll. "La Pléiade", 1950.

Plutarque, *Moralia*, trad. Frank Cole Babbitt, W. C. Helmbold & al., 15 vol., 1957, Londres, Heinemann ; Cambridge, Mass., Harvard University Press, 1995.

Plutarque, *Les vies des hommes illustres*, trad. Jacques Amyot, éd. Gérard Walter, 2 vol., Paris, Gallimard, coll. "La Pléiade", 1951.

Plutarque, *Plutarque en France au XVIe siècle--Trois opuscules moraux*, trad. Antoine du Saix, Pierre de Saint-Julien et Jacques Amyot, éd. Robert Aulotte, Paris, Klincksieck, 1971.

Pressac, La Chassaigne, seigneur de, *Epistres de L. Annaée Sénèque, philosophe tres-excellent, traduictes en François, reveu & augmenté de nouveau, des Epistres du mesme Autheur, avec le Cléandre, ou de l'Honneur, & de la vaillance*, 4e éd., Tournon, impr. de Claude Michel, 1593. (BNF Z. 13776)

Ronsard, Pierre de, *Des vertus intellectuelles et moralles--Discours prononcé à l'Académie du Palais par Ronsard en presence de Henri III*, in *Œuvres complètes*, éd. Jean Céard, Daniel Ménager et Michel Simonin, 2 t., Paris, Gallimard, coll. "La Pléiade", 1994, t. II, p. 1189-1194.

Ronsard, *De l'envie--Discours moral devant le feu Roy Henri IIIe par feu Monsieur de Ronsard, et escrit de sa main*, in *Œuvres complètes*, t. II, p. 1194-1199.

Sénèque, *Œuvres complètes*, avec la trad. en français, publiées sous la direction de M. Nisard, Paris, J.-J. Dubochet et Compagnie, 1842.

Vivonne, Héliette de, *Poésies de Héliette de Vivonne attribuées à tort à Madeleine de Laubespine sous le titre Chansons de Callianthe*, avec une intr. par Frédéric Lachèvre, Paris, Librairie Historique Alph. Margraff, 1932.

IV. PRINCIPAUX OUVRAGES CRITIQUES CONSULTÉS

Armstrong, Elizabeth A., *Before Copying : The French Book-Privilege System, 1498-1526*, Cambridge, Cambridge University Press, 1990.

Aulotte, Robert, *Amyot et Plutarque--La tradition des Moralia au XVIe siècle*, Genève, Droz, 1965.

Babut, Daniel, *Plutarque et le stoïcisme*, Paris, Presses Universitaires de France, 1969.

Bady, René, *L'homme et son institution, de Montaigne à Bérulle (1580-1625)*, Paris, "Les Belles Lettres", 1964.

Baker, Deborah Lesko, "Entering the Literary Stage : The Epistre à Mlle Clemence de Bourges lyonnaise", in *The Subject of Desire: Poetics and Intersubjectivity in the Works of Louise Labé*, Lafayette, Purdue University Press, 1996, p. 11-40.

Balsamo, Jean et Michel Simonin, *Abel L'Angelier et Françoise de Louvain, libraires au Palais (1572-1620)*, Chicago, Garamond Press ; Paris, Didier érudition, à paraître prochainement.

Busson, Henri, *La pensée religieuse française de Charron à Pascal*, Paris, Vrin, 1933.

Frémy, Édouard, *L'Académie des derniers Valois (1570-1585) d'après des documents nouveaux et inédits*, Paris, Ernest Leroux, 1887.

Goldschmidt, M., *Le système stoïcien et l'idée de temps*, Paris, 1953.

Goyet, Francis, *Le sublime du "lieu commun" : l'invention rhétorique dans l'Antiquité et à la Renaissance*, Paris, Champion, 1996.

Hildesheimer, Françoise, *Fléaux et société : de la Grande Peste au choléra (XIVe-XIXe siècle)*, Paris, Hachette, 1993.

Lachèvre, Frédéric, "La Rosette de Desportes : Madeleine de L'Aubespine et Héliette de Vivonne", *Revue d'Histoire Littéraire de la France*, 1923, p. 510.

Larsen, Anne R., "'Un honneste passetems' : Strategies of Legitimation in French Renaissance Women's Prefaces", *Esprit Créateur*, vol. XXX, n° 4, Hiver 1990, *Écrire au féminin à la Renaissance : problèmes et perspectives*, éd. François Rigolot, p. 11-22.

Lavaud, Jacques, *Un poète de cour au temps des derniers Valois, Philippe Desportes (1546-1606)*, Paris, Droz, 1936.

Losse, Deborah N., "Women Addressing Women : The Differentiated Text", in *French Women Writers : French Texts/American Contexts*, éd. Anne R. Larsen et Colette H. Winn, Detroit, Wayne State University Press, 1994, p. 23-37.

Mesnard, Jean, "Sur le terme de la notion de *philautie*", in *La culture du XVIIe siècle, enquêtes et synthèse*, Paris, Presses Universitaires de France, 1992, p. 48-66.

Moss, Ann, *Printed Commonplace-Books and the Structuring of Renaissance Thought*, Oxford, Clarendon Press, 1996.

Pérouse, Gabriel A., "Le *Passe-temps* de François Le Poulchre de la Motte-Messemé", in *Nouvelles françaises du XVIe siècle--Images de la vie du temps*, Travaux d'Humanisme et Renaissance, n° CLIV, Genève, Droz, 1977, p. 452- 465.

Read, Kirk, "Louise Labé in Search of Time Past : Prefatory Strategies and Rhetorical Transformations", *Critical Matrix*, 5, 1990, p. 63-86.

Rigolot, François, "La préface à la Renaissance : un discours sexué", *Cahiers de l'Association des Études Françaises*, 42, 1990, p. 121-136.

Schutz, A. H., *Vernacular Books in Parisian Private Libraries of the Sixteenth Century According to the Notarial Inventories*, Chapel Hill, University of North Carolina Press, 1955.

Sorg, Roger, "Une fille de Ronsard, la bergère Rosette", *Revue des Deux Mondes*, 1923, t. 13, p. 128-144.

Winn, Colette H., "Miroirs du sujet : les femmes poètes au temps de la Renaissance", *Revue des Amis de Ronsard*, VII, avril 1994, p. 53-73.

Zanta, Léontine, *La renaissance du stoïcisme au XVIe siècle*, Paris, Champion, 1914.

Zanta, Léontine, *La traduction française du Manuel d'Epictète d'André Rivaudeau au XVIe siècle,* Paris, Champion, 1914.

GLOSSAIRE

A
aheurtez : 88 - (de ahurter) s'obstiner
attedie : 54 - (de attedier) ennuyer
avettes : 106 - abeilles

B
baie ou baye : 54 - dans le sens de tromperie
bobance : 78 - vanité, ostentation, luxe, plaisir

C
caresser : 66 - (de l'italien *carezza*, dérivé de *caro*, *cara*) chérir
cholerer (se) : 66 - se mettre en colère
contemptibles : 56 - méprisables
convoiteux : 73 - cupides
coulpe : 89 - faute
coy : 54 - tranquille, calme
cruciez : 85 - crucifiés

D
debile : 56 - faible, affaibli
deceuz : 45 - dans l'erreur ; facilement trompés
departy : 72 - (de départir) donner en partage
douloir (se) : 83 - se lamenter

E
enharnachez : 68 - harnachés, équippés
esmerveillans (s') : 71 - frappé d'étonnement ; plein d'admiration
esprint : 38 - (de espreindre) presser
estoffe : 66 - toutes sortes de matières servant à rembourrer, garnir, orner ; d'où (fin XIVe s.) la matière qui constitue quelqu'un, les qualités différentes, semblables

F
faix : 48 - charge, fardeau
flaque : 58 - affaibli

G
gaber : 97 - tourner en dérision
gausseries : 96 - moqueries

I
idoine : 72 - propre à ; capable
infirmitez : 74 - faiblesses physiques, maladies
ingéré : 71 - qui s'est chargé indûment, sans en avoir le droit ou en être requis

L
luminaires : 78 - flambeaux (on appelle souvent de ce nom le soleil ou la lune)

M
mander : 37 - commander, ordonner ; demander
mesnagers : 104 - ceux qui s'occupent de la maison
moleste : 84 - (de molester) peser

N
noises : 97 - querelles

O

odoriferans : 77 - qui exhale une bonne odeur

P

partant : 59 - par conséquent

pend : 69 - (de pendre) dépendre

pestilence : 60 - peste

R

relasche : 56 - repos

S

songneusement : 88 - soigneusement

soüefveté : 77 - suavité

soulas : 48 - soulagement, consolation, plaisir

souloit : 50 - (de souloir) avoir coutume de

T

tanser : 90 - (de tencier) quereller, tourmenter ; blâmer, reprocher

travaux : 47, 99, 105 - (de travail) tourments

V

vacation : 48 - occupation, métier

INDEX DES NOMS PROPRES

A
Afrique : 70
Alciat : 93
Alexandre ([le Grand] fils de Philippe II [356-323 av. J.-C.], roi de Macédoine [336-323]) : 66
Amyot, Jacques : 20, 25
Anaxagoras (philosophe de l'école ionienne [c. 500-428 av. J.-C.]) : 47
Antipater (philosophe stoïcien natif de la ville de Tharse, disciple et successeur de Diogène de Babylone à la tête de l'école d'Athènes. Fils d'Hérode le Grand et de sa première femme Doris, il fut condamné à mort pour avoir conspiré à la mort de son père après avoir tué ses demi-frères. Sur le point de mourir, il se remémora tous les biens qu'il avait eus dans sa vie) : 80
Apelles ([Apelle] peintre grec [IVe s.-début du IIIe s. av. J.-C.], le portraitiste d'Alexandre le Grand) : 70
Aristippus ([Aristippe] philosophe et historien grec [Ve s. av. J.-C.], disciple de Socrate, chef de l'école cyrénaïque, qui fondait le bonheur sur le plaisir): 80
Aristote (philosophe grec [384-322 av. J.-C.]) : 27, 40, 59
Armstrong, Elizabeth A. : 109
Athènes : 80
Aubigné, Agrippa d' : 18
Augustin, s. : 63, 67, 75, 84, 85, 103
Aulotte, Robert : 20
Aulu-Gelle (auteur latin [IIe s. apr. J.-C.]) : 51

B
Babut, Daniel : 20, 22, 41
Bady, René : 21
Baker, Deborah Lesko : 37
Balsamo, Jean : 9, 11, 12, 15
Belleau, Rémy : 16
Béroalde de Verville : 45
Bion de Boristhène (philosophe cynique réputé pour son esprit mordant [IIIe s. av. J.-C.]) : 100
Bithynie (région du nord-ouest de l'Asie Mineure) : 70
Bochetel, Jeanne : 16
Bodin, Charles : 93
Boissat, Pierre : 93
Brantôme :93
Briçonnet, Guillaume : 83
Busson, Henri : 20

C
Cabat, Pierre : 15
Callianthe : 16-19, 117, 119
Caninius : 20
Canius ([Julius Canus] après une altercation avec Caius, il fut condamné à mort par l'empereur. Il accueillit la nouvelle sans la moindre émotion et, dans les dix jours qui précédèrent son

exécution, il montra un sang froid et une force extraordinaire): 28, 41
Cappel, Ange : 20
Catherine de Médicis : 16
Caton ([le Censeur] homme d'état romain [234-149 av. J.-C.] qui lutta contre le luxe et la corruption de Rome) : 56
César, Caïus (homme d'état romain [101-44 av. J.-C.], empereur [37-41] connu pour ses extravagances et ses cruautés. Il gouverna en tyran et mourut assassiné): 97
Charles IX : 16
Charlotte : 83
Chassignet, Jean-Baptiste : 41
Cherea ([Chéréas] tribun du peuple; il fut l'âme de la conjuration de Caligula): 97
Cicéron (homme politique et orateur latin [106-43 av. J.-C.]) : 20, 23, 42, 47, 48, 59, 61, 82, 87
Cléonice : 16
Colin, Nicolas : 11
Colletet, Guillaume : 31-32
Collin, Jehan : 20
Conflans-l'Archevêque : 16
Coquerel, Jehan : 109
Coras, Jean de : 20
Corduba Strutio ([Corbulon] général de Claude et de Néron; remporta plusieurs victoires contre les Parthes mais dut se tuer en 67 par ordre de Néron) : 95
Cornelius, Fidus (gendre d'Ovide, voir Sénèque, *De la constance du Sage*) : 95
Cupidon : 71

D
Dampmartin, Pierre de : 16, 22, 64, 75, 77, 104, 115
David (2e roi hébreu [c. 1015-970 av. J.-C.], successeur de Saül, prophète et poète): 51
Démocrite (philosophe grec [c. 460 av. J.-C.-c. 370]) : 87
Demophon ([& Phillis]) : 19
Denys le premier (roi de Sicile) : 70
Desportes, Philippe : 16, 17, 18
Dieu : 25, 28, 29, 32, 33, 48, 49, 50, 52, 67, 68, 69, 72, 73, 75, 77, 78, 79, 80, 84, 85, 92, 102, 105
Diogenes ([Diogène de Babylone] l'un des scolarques les plus en vue du Portique, auteur d'ouvrages sur la politique. Héros d'une multitude d'anecdotes plus ou moins vraisemblables qu'on colportait sur son compte) : 51, 78
Diogène Laërce (écrivain grec du IIIe s. apr. J.-C., connu pour sa biographie des philosophes) : 39, 51, 97
Dolet, Estienne : 20, 34
Du Brueil, Anthoine : 33, 35, 109
Du Moulin, Antoine : 20
Du Plessis-Mornay, Philippe : 20, 63, 87, 101, 103
Du Saix, Antoine : 20
Du Vair, Guillaume : 11, 12, 20, 24, 82, 83, 92, 103

E
Épictète (philosophe stoïcien du 1er s.) : 11, 20, 42, 43, 44,

47, 51, 54, 62, 76, 91, 102, 103
Érasme : 20, 31, 51
Euripide (poète tragique grec [480-406 av. J.-C.]) : 73

F
François de Sales, s. : 27
Frémy, Édouard : 42

G
Golschmidt, M. : 73
Goulart, Simon : 20
Gournay, Marie de : 11, 15, 93
Goyet, Francis : 31
Grosnet, Pierre : 20

H
Habert, Pierre : 26
Hannibal (général et homme d'état carthaginois [247-183 av. J.-C.]) : 70-71
Henri III : 13, 16
Héraclite (philosophe grec de l'école ionienne [c. 540-c. 480 av. J.-C.]) : 87
Hildesheimer, Françoise : 60
Homère (poète épique grec, regardé comme l'auteur de l'*Illiade* et l'*Odyssée*): 47, 69
Horace (poète latin [65-8 av. J.-C.]): 38

I
Italie : 70

J
Jamyn, Amadis : 42
Jésus-Christ : 101
Job (personnage biblique, connu pour le livre qui porte son nom) : 104
Jonas (un des douze petits prophètes [VIIIe s. av. J.-C.]) : 28, 49
Jupiter ([Zeus en grec] dieu du Ciel, de la Lumière diurne, du Temps qu'il fait, de la Foudre et du Tonnerre; le père et le maître des dieux) : 69, 71

L
Labé, Louise : 37
Lachèvre, Frédéric : 15, 16
Lacroix, Paul : 15
La Croix du Maine : 11, 16
L'Angelier, Abel : 11-13, 33-34
La Noue, François de : 24
La Rochefoucauld : 27
Larsen, Anne R. : 9, 37
L'Aubespine, Claude de : 14, 16
L'Aubespine, Madeleine de : 11, 14-19, 32, 33, 34
Lavaud, Jacques : 16-18
Le Blanc, Jean : 13
Le Caron, Loys : 21, 29, 43, 44, 81
Le Fèvre de La Boderie, Guy : 20
Le Gendre, Marie : 11-15, 23, 24, 34
Lelius ([Lélius & Scipion] paire d'amis célèbre dans l'antiquité) : 97
Le Poulchre, François, sieur de La Motte-Messemé : 14-15, 17, 22, 32, 96, 104, 113
Lespine, Jean de : 26, 63
L'Estoile, Pierre de : 16
Losse, Deborah N. : 37
Louvre : 16
Loviot, Louis : 11, 15

M
Marc-Aurèle ([121-180] empereur romain [161-180]. Ses *Pensées* exposent l'aspect

moral du stoïcisme) : 43
Marguerite de Navarre : 83
Mars (dieu de la Guerre et des Agriculteurs) : 71
Masures : 37
Megabyses (général perse) : 70
Meigret, Louis : 20
Ménandre (poète comique grec [c. 342-c. 292 av. J.-C.], représentant de la "comédie nouvelle") : 74
Mercure ([identifié avec Hermès par les Romains] dieu du Commerce, des Voleurs et des Voyageurs) : 71
Mesnard, Jean : 27
Miffaut, David : 20
Minerve ([assimilée à l'Athéna grecque] déesse de la Sagesse et des Artisans): 71
Montafié, Louis de : 13
Montaigne, Michel de :12, 15, 20, 21, 23, 24, 25, 26, 31, 42, 70, 73, 82, 87, 103
Moss, Ann : 31
Muret : 20

N
Neptune ([identifié avec Poséidon] dieu de la Mer) : 71
Neufville, Nicolas de, seigneur de Villeroy : 16

O
Ovide : 16, 19, 20, 84

P
Pausanias (géographe et historien grec du IIe s. apr. J.-C.) : 73
Payen : 15
Perotti : 20
Philippe II ([382-336 av. J.-C.] roi de Macédoine [356-336]. Son fils Alexandre lui succéda) : 66-67
Phillis ([& Demophon]) : 19
Philoxenus ([Philoxène] poète grec né à Cythère [435-380 av. J.-C.]) : 70
Pibrac, Guy du Faur de : 42
Pindare (poète lyrique grec [518-438 av. J.-C.]) : 38, 72
Platon (philosophe grec [428-348 av. J.-C.], disciple de Socrate et maître d'Aristote) : 38, 40, 50, 51, 70
Plutarque (philosophe et historien grec de la fin du 1er s. et du début du IIe s., auteur des *Vies parallèles* et des *Œuvres philosophiques et morales*) : 20, 22, 25, 31, 39, 40-42, 47, 51, 53, 56, 59, 66-68, 70-75, 78-81, 83, 86, 91, 95, 104
Pluton ([identifié avec l'Hadès grec] dieu des Morts, roi des Enfers) : 71
Politien : 20
Pollio, Asinius (homme d'état et écrivain romain [76 av. J.-C.-5 apr. J.-C.]) : 70
Pressac, seigneur de La Chassaigne: 20

R
Read, Kirk : 37
Rigolot, François : 37
Rivaudeau, André : 20
Rome : 57
Ronsard, Pierre de : 14, 16, 17, 18,

21, 30, 37, 38
Rosette : 16, 17

S
Saint-Julien, Pierre de : 20
Saliat, Pierre : 20
Salomon : 104
Sauvaige, François : 20
Schutz, A.H. : 15
Scipion l'Affricain (vainqueur d'Hannibal [235-183 av. J.-C.]) : 56, 66
Sénèque (philosophe latin [1er s. av. J.-C.-1er s. apr. J.-C.]) : 30, 38, 40, 41, 43, 44, 46, 48-50, 54-57, 59-61, 63-64, 66-67, 73-77, 82-86, 91–103
Sicile ou Sycile : 70, 80
Simonin, Michel : 9, 11, 12, 21, 34
Socrates ([Socrate] philosophe grec [470-399 av. J.-C.]): 51, 56, 97
Sorg, Roger : 16, 17, 18
Sponde, Jean de : 41
Stilphon ([Stilpon] disciple d'Euclide de Mégare qui appartient au groupe des “petits socratiques”) : 51

T
Theodore ([Théodore de Cyrène] philosophe du Portique) : 30

U
Ulysses ([Ulysse] roi légendaire d'Ithaque, héros de l'*Odyssée*) : 47

V
Vatinius, Publius (tribun du peuple, prêteur ; joua un rôle politique important au service de Jules César.Célèbre pour sa laideur, il est fréquemment blâmé du point de vue moral) : 96
Verthamont : 109
Vives : 31
Vivonne, Héliette de : 17-18

W
Warner, Lyndan : 9, 11, 12

X
Xanthippe (épouse de Socrate, connue pour son humeur acariâtre) : 51, 97
Xénophon (historien et philosophe athénien [c. 430-c.355 av. J.-C.]) : 39, 51

Z
Zanta, Léontine : 20

TABLE DES MATIÈRES

Remerciements 9

INTRODUCTION 11

I. L'auteur : Madeleine de L'Aubespine 15

II. Les *Saines affections* et la littérature morale de la fin du seizième siècle 19

1. La recherche de la tranquillité 19

2. Pensée antique et pensée chrétienne 27

3. La mise au silence du moi 30

III. Établissement du texte 33

CABINET DES SAINES AFFECTIONS 35

Épître 37

Comme il se faut preparer contre les Passions 39

Du choix des affaires 42

De la Prevoyance 45

De la vacation d'un chacun 48

Comme il faut reigler sa vie 53

De la diversité des Actions 55

Du choix des amys 59

De la Dissimulation 61

De la Vanité 63

De la Prosperité 65

Comparaison de nostre fortune à celle des autres 68

De l'Adversité 74

De la Tristesse 82

De l'affliction des bons 84

Des fautes d'autruy 86

Des injures et affronts 91

De la Pauvreté 99

De la Mort 102

Texte ajouté dans l'édition de 1593 106

Table des discours contenus en ce present livre 107

Extraict du Privilege 109

ABRÉVIATIONS 111

BIBLIOGRAPHIE 113

GLOSSAIRE 123

INDEX DES NOMS PROPRES 125

TABLE DES MATIÈRES 131